The Way Back

THE WAY BACK

Copyright ⓒ2010, 2016 by Dutch Sheets

All right reserved.

Published by Dutch Sheets Ministries

P. O. Box 63359

Colorrado Springs, CO 80962

All right reserved.

Korean Translation Copyright ⓒ 2017 Tabernacle of David.

이 책의 한국어판 저작권은 다윗의 장막 미디어에 있습니다.
저작권법에 의해 한국에서 보호받는 저작물이므로 무단전재와 무단복제를 금합니다.

The Way Back

돌이키면 살리라

더치 쉬츠 지음
김주성 옮김

다윗의장막

목차

추천사 ● 존 킬패트릭

1장 노래 _ 11

나는 개척자다 _14
개척자란 무엇인가? _16
개척자가 절실히 필요하다 _19

2장 길 _ 23

영적 애국자들 _24
선한 옛 길 _29
오늘날의 미국 _31

3장 다른 자 _ 36

무엇이 필요한가? _37
목소리가 되라 _38
개척자들은 거인을 죽이는 자들이다 _41
이름도 모르고 얼굴도 모르는 개척자들_45

4장 헌신 _ 48

가젤 그리스도인 _49
복잡하지 않다 _52
개척자들은 담대하다 _54
개척자들은 임무를 소중히 여긴다 _55
위험한 현실부인 _61

5장 대가 _ 64

하나님께 발견됨 _67
청교도 순례시조 개척자들 _68
미국에 이런 개척자들이 다시 있을까? _74

6장 용사 _ 77

구약의 용사들 _80
용사는 용사를 낳는다 _82
오늘날 우리는 용사들이 필요하다 _83
진정한 용사들이여, 일어나라! _86

7장 열정 _88

개척자들은 의를 추구한다 _90
사랑의 포로 _93
죽음까지 불사하는 열정으로! _94
열정에 대한 호소 _96

8장 대의 _100

공동 목표 _102
그런 역사가 없겠는가? _104
약속이 없겠는가? _106
전략이 있지 아니한가? _107
우리는 개척자들이다 _108

추천사

더치 쉬츠의 새 책 《돌이키면 살리라》은 그리스도의 몸에 바치는 오늘날의 사도적 논문이다. 나는 나의 친구, 더치 쉬츠를 매우 믿고 신뢰한다. 오랜 세월 더치를 알아오는 동안, 나는 그에 대한 믿음과 신뢰가 더욱 커졌다. 개인적으로나, 그의 사역에 있어서나 그가 보여준 신의와 성실 때문이다. 그처럼 나에게 감동을 주는 설교자나 저자는 거의 없다. 그는 특별한 은사가 있어서, 내가 느끼지만 표현하지 못하는 것을 말로 옮겨놓을 수 있다. 그는 시대가 바뀔 때 그것을 능숙하게 해석하여 우리가 그 의미를 온전히 이해하게 해준다.

나는 더치 쉬츠가 하나님이 미국에 주신 사도라고 많이 말한다. 그는 개혁의 기름 부음이 강한 애국자다.

이 책은 나에게 깊은 영향을 미쳐서, 나도 그 기름 부음을 전달받은 느낌이다. 이 책을 읽고 나면, 당신도 그렇게 느낄 것이다. 한 장 한 장마다 당신의 영에 공감을 불러일으킬 것이고, 하나님이 당신의 삶 속에도 동일하게 말씀하시고 행하고 계신다는 것을 보여줄 것이다.

이 책이야말로 하나님이 이때에 사용하시는 책이고, 제3차 "대각성"으로 이끌어줄 책이다.

존 킬패트릭 목사는 앨라배마 주, 대프니에 있는 〈주 임재 교회〉를 담임하고 있다. 그 전에는 플로리다 주, 펜사콜라에 있는 〈브라운스빌 교회〉의 담임목사였다.

제 1 장

노래

개척자 :

이끌거나 주도하다. 어떤 영역을 열거나 길을 예비하다.

2010년 7월 4일, 즐거워야 할 미국 건국기념일에 나는 울음을 참지 못했다. 나는 며칠이나 눈물을 흘렸다. 그것은 나쁜 소식이 있어서가 아니라, 감사하게도 한 노래 때문이었다. 음악은 우리의 내면을 깊이 만지는 놀라운 힘이 있다. 하나님의 들리지 않는 음성이 연어를 불러서 연어가 태어난 곳으로 돌아가게 하듯이, 이 노래의 가사와 그에 어울리는 멜로디는 나의 DNA 안에 깊이 묻힌 뭔가를 불러내고 있었다. 나는 그것을 떨쳐버릴 수가 없었다. 사실, 나는 떨쳐버리고 싶지 않았다.

그 곡은 제목이 〈개척자 Pioneer〉이고, 낸시 허니트리가 썼으며, 내 친구 릭 피노가 불러서 녹음한 것이었다. 릭은 아직 발매 전의 그 곡을 나에게 보내주면서, 그 멜로디와 가사가 그에게 큰 감동을 준다고 말했다. 나도 그랬다. 그 곡은 영적 개척자로의 부르심, 때로는 외로운 그 삶을 노래한다.

개척자여, 개척자여
계속 전진해 나아가며 두려움을 넘어서라.
오직 아버지만이 네 앞서
너의 최전방으로 가시네.
너는 개척자.

미지의 미개간지가 네 앞에 펼쳐져 있네.
아무도 가보지 않은 곳에 가는 것을 즐기는 너.
그래도 어둠이 깊어지면 외롭네.
그러므로 새벽이 될 때까지 모닥불 곁에서 노래하라.

너는 아무 짐도 없이 가볍게 길을 가고, 혼자 길을 가네.
네가 거기 도착해도, 아무도 모르네.
그러나 하늘에 계신 아버지는 네가 거기 가는 것을 기뻐하시네.
네 뒤를 따라가는 자들에게 길이 필요하니까.

네가 한 것을 다른 사람들이 할 거야.
너보다 더 크게, 더 잘, 더 빠르게.
그러나 너는 뒤돌아볼 수 없네, 계속 힘써 전진해 나아가야만 하네.
미개척지로 가는 길이 너를 부르네.

너를 부르네, 너를 분명히 부르네.
계속 힘써 나아가라, 너는 여기 머물 수 없어.
오직 아버지만이 네 앞서
너의 최전방으로 가시네.
너는 개척자.[1]

나는 개척자다

나는 왜 그 노래가 나에게 지대한 영향을 미치는지 알았다. 나는 개척자다. 그 노래가 내 영 안의 깊은 본질을 불러일으키고 있었다. 나는 완전히 거듭나는 것 같은 기분이었다. 그 가사가 내 영혼을 살피며, 내 내면의 자아에 깊이 들어가라고 내게 요구하고 있었다. 여전히 그 부르심을 듣겠는가? 고통을 감수하고 나아가겠는가? 큰 값을 치러야 하지만, 기꺼이 지불하려는가?

다른 모든 개척자들처럼, 나도 외로운 길과 아무도 가보지 않은 미지의 미개간지 속의 길을 걸어보았다. 개척은 쉽지 않지만, 매우 중요하다. 그 노래가 말하듯이, 개척자는 뒤에 따라오는 사람들에게 길을 만들어 주어야 한다.

이 책을 읽고 나면, 당신도 자신 안에 그런 본성이 있는지 알게 될 것이다. 그럴 가능성이 상당히 크다. 왜냐하면 지금 하나님이 거룩한 불만족, 하늘로부터 임하는 불만족을 많은 제자들에게 주고 계시기 때문이다. 그들은 미국에 큰 변화가 필요하다는 것을 알고, 그 변화가 가능하다고 믿고, 현상유지를 받아들이지 않으려 하는 마음이 점점 더 커지고 있다.

나는 나 자신이 대부분의 사람들과 좀 다르다는 것을 알고 받아들여 왔다. 아니 사실은 많이 다르다. 나는 그것 때문에 오랜 세월 고민해왔지만 결국 그것을 받아들이게 되었고, 하나님이 나를 이렇게 만드셨다는 것을 깨닫게 되었다. 예를 들면, 나는 문화의 흐름을 따라가기보다 그 방향을 창조하고자 한다. 인간관계에서, 나는 사람들을 열정적으로 사랑하지만, 혼자만의 시간을 더 좋아한다. 그리고 변화에 있어서는 "웬만하면 그냥 놔두라는" 통념과 달리 "고치려고" 한다. 더 좋은 방법이 있을지도 모르지 않는가! 그냥 놔두는 건 지루하다.

나는 탐사하기를 좋아한다. 아이디어, 숲, 작은 마을, 앤티크 가게 등 뭐든 가리지 않는다. 나는 주변을 둘러보며 정찰을 해보아야만 직성이 풀린다. 사냥할 때, 내

---

1 — Miller, Nancy Honeytree. *Pioneer*. Rick Pino. ©1993 by OakTable Publishing, Inc/ASCAP. 낸시 허니트리 밀러. 개척자. 릭 피노.

가 정작 동물을 잡는 경우는 드물다. 왜냐하면 나는 한 장소에 머물지 않기 때문이다. 내 안의 뭔가가 항상 길의 다음 굽이에, 다음 산에 뭐가 있는지 알고 싶어 한다. 나는 총을 쏠 수 있는 기회가 와도 그냥 지나친 적이 많았다. 왜냐하면 사냥을 끝내고 싶지 않았기 때문이다. 그러면 숲에서 보내는 시간도 끝내야 할 테니까 말이다. 나는 사냥꾼이 아니다. 나는 탐험가다.

개척자란 무엇인가?

사전에서 개척자는 탐험하는 사람, 새로운 길을 준비하거나 여는 사람, 이끌거나 주도하는 사람이라고 정의한다. 우리는 모두 미국의 개척자들이 길을 열어 다른 사람들이 따라올 수 있게 한 이야기를 읽거나 들어보았다. 우리는 탐사, 기술, 의학, 과학 등의 분야에서 선구자로 앞서 나간 사람들을 종종 이야기한다. 그런 사람들은 삶의 모든 분야에 걸쳐있고, 종교 분야에도 있다.

개척자는 주도하고, 먼저 가고, 항상 기꺼이 새로운 것을 시도한다. "더 좋은 길이 있을 거야"가 개척자의 생각이다. 그들은 발명가, 탐험가, 정찰대, 길을 내는 사람, 혁신가, 변화를 일으키는 사람, 개혁가, 선구자다. 개척자는 연구 개발자, "만일 ~라면"이라고 말하는 사람, "왜 그런데?" "왜 안 되는데?"라고 말하는 사람이다. 그들은 역사를 읽기보다 만들어가는 사람들이다. 그들은 어떤 시스템이든 흔들어보고, 어떤 흐름이든 거슬러 올라가보는 사람들이다. 개척자는 현상유지를 결코 안전하게 여기지 않는다.

개척자들의 특징은 이렇다.

- 그들은 자주 현재 상태에 불만족하고, 변화를 일으키고자 한다.
- 변화를 일으키는 것에 대한 얘기를 들을 때, 개척자의 내면 깊은 곳에서 뭔가가 살아난다.
- 개척자는 다수편이 되는 것보다 옳은 것이 더 중요하다.
- 개척자는 변화의 불편함보다 정체 상태의 악취를 더 싫어한다.

노래

- 실패할 수 있더라도 시도해보는 것이 위험 부담을 감수하지 않는 안전한 삶보다 더 매력적이다.
- 개척자는 포기를 거부하고, 궁지와 시행착오는 길을 찾는 과정의 일부임을 인식한다.
- 다져진 길보다 미지의 자연에 솔깃해진다.
- 안전 위주는 재미가 없다. 미지에 대한 두려움보다 익숙해서 지루한 것이 더 싫다.
- 현상유지에 결코 만족하지 못한다.
- 자유를 잃느니, 죽더라도 싸우려는 파이팅 정신을 갖는다.
- 자리보전보다는 숭고한 뜻을 이루고자 한다.
- 절대로 그냥 놔두지 못한다.
- 삶이 단지 돈을 벌거나 쾌락을 경험하는 것 이상이기를 원한다.
- 크게, 성대하게 하기보다 변화를 일으키려고 한다.
- 죽지 않으려고 애쓰며 살기보다, 기꺼이 죽으려고 한다.
- 다수와 다른 드럼 소리에 맞춰 행군하고, 종종 다수가 듣는 것과 완전히 다른 노래가 귀에 들린다!

만일 당신이 개척자라면, 단지 개척자로 존재하는 것에 안주하지 말라! 그렇게 한다면, 하나님이 창조하신 당신의 한 부분이 소리를 내지 못한다. 침묵하는 개척자는 내면이 죽는다. 결국 그들은 정말 살지 못한다. 그렇게 되도록 허락하지 않겠다고 결정하라. 당신의 목소리를 찾아라. 더 좋은 것은 당신의 함성을 찾는 것이다.

개척자가 절실히 필요하다

우리 세대에는 테크놀로지 분야 외에는 개척자가 별로 없었다. 미국 탄생의 원동력이었던 개척자 정신을 버림으로써, 우리는 그냥 따라가는 자, 정착민이 되었고, 보호 장벽을 쌓았고, 편리와 안전을 추구했고, 이제는 다른 누군가가 우리에게 공급해주고 우리를 보호해주기를 기대한다. 그러나 이 땅 깊은 곳에는 여전히 개척자의 피가 흐르면서 야성의 부름에 응답하라고 새 세대에게 외치고 있다.

우리는 개척자 정신을 잃었을 뿐 아니라 도덕적, 영적 방향도 상실해서, 우리를 위대하게 만들었던 기본원칙들에서 벗어나 방황하고 있다. 그 기본원칙들은 진실, 성실, 개인적 및 집단적 책무, 자기 훈련, 성경적 도덕과 건국 선조들의 이상이다. 미국은 일어나서 우리를 다시 뿌리로 이끌어줄 새 세대의 개척자들, 길을 찾는 사람들, 길을 만드는 사람들이 필요하다. 아이러니한 것은, 때로 나아가려면 뒤돌아가야 한다는 것이다.

오늘날 많은 사람들이 설교하는 바와 반대로, 옛 것이 다 뒤처진 것은 아니다. 전향적 사고는 항상 과거에 배운 어떤 것과 관련되기 마련이다. 우리는 바퀴를 다시 발명하는 게 아니라, 더 나은 바퀴를 만들려고 항상 애써야 한다. 전면적으로 다시 시작하는 것은 앞서 한 일이 실패인 것으로 증명되었을 때만 적절하다. 미국은 절대 그렇지 않다. 우리는 과거 역사와의 연계성을 더 굳건히 해야지, 제거하지 말아야 한다. 연결고리 중에 빠진 부분이 있으면 그건 무용지물이다! 우리의 경건한 과거를 버리는 것은 어리석을 뿐이다. 미래는 항상 튼튼한 터 위에 세워야 한다. 시편 기자가 말했다.

"터가 무너지면 의인이 무엇을 하랴"(시 11:3).

미국이 다시 우리의 터와 기반으로 돌아가도록 교회가 이끌어야 하는데 많은 그리스도인들도 개척자 정신을 잃은 듯하다. 모든 성도의 DNA 깊은 곳에는 모든 개척자들의 선구자이신 그리스도의 영이 있지만, 그 본성이 순응, 종교, 타협으로 상실되었다. 그러나 지금 하나님이 교회에게 신선하고 강력하게 초청하고 계신다.

길들여지고 무기력한 종교의 안일함과 지루함에서 떠나라. 미국에 만연한 자아도취적 그리스도인의 피상적인 삶을 떠나라. 죽음, 상실, 미지에 대한 두려움을 극복하라. 나를 따라오너라. 내가 2000년 전에 탄생시킨 것으로 돌아가자. 그것은 파격적이고, 세상을 변화시키고, 기적을 일으키고, 두려움을 모르고, 죽음까지 감수하며 자기 생명을 바쳐 헌신하는, 열정적이고 용사의 마음을 가진 개척자들이다!

하나님을 경외하는 미국인들이 이 부르심에 응답하

여 길을 찾는 여정을 시작하기를 하늘이 기다리고 있다. 땅도 기다리고 있다. 마음이 상한 자들, 굶주린 자들, 노예로 살아가는 소녀들, 전쟁에 시달리는 나라들, 구원받지 못한 사람들, 그들 모두가 21세기의 개척자 족속이 일어나서 이끌기를 간절히 기다리고 있다. 당신이 그 중 한 사람일 것이다.

제 2 장

십자로 :
위기 상황이나 중요한 결정을 해야만 하는 때

만일 미국을 건국한 시조들이 오늘날의 미국을 본다면 못 알아볼 것이다. 그들은 보기 드문 덕과 인품을 지녔었고, 자유에 대한 사랑을 원동력으로 삼고 자유를 얻기 위해 어떤 값이라고 치르고자 하는 애국자들이었다. 또한 그들 대부분이 그리스도인이었다. 그 사실은 부정직한 자유주의자들이나 기만적 수정주의자들의 주장과 정반대다. 그들은 미국 건국이 자신들만의 생각이 아니라 하나님의 생각임을 믿었고, 따라서 미국이 "너희는 세상의 빛이라 산 위에 있는 동네가 숨겨지지 못할 것이요"라는 그리스도의 말씀대로 될 것을 믿었다(마 5:14).

초기 청교도 존 윈스럽은 이 구절을 사용하여 미국의 나아갈 길을 과거 1630년에 예언했고 적어도 12명의 미국 대통령이 하나님이 주신 이 신성한 목적을 재천명했다.[1] 청교도 로버트 헌트 목사는 1607년에 버지니아 주 헨리 곶에 상륙한 후, 바닷가에 십자가를 세우고 선언했다. "바로 이 해안으로부터 복음이 이 신세계만이 아니라 전 세계로 나아갈 것이다.[2] 우리의 건국 선조들은 자신의 삶, 재산, 명예를 걸고, 그들 자신의 자유에 대한 꿈만이 아니라, 복음의 전초기지를 세우려는 하나님의 꿈을 이루고자 했다.

영적 애국자들

우리의 건국 선조들은 미국이 하나님의 계획이라는 것을 알았기 때문에 미국을 하나님의 권위 아래 하나님의 원칙대로 수립하고자 하는 의지가 결연했다. 조지 워싱턴과 존 퀸시 애덤스의 말에 그것이 나타나 있다.

정치적 번영으로 이끄는 성향과 습관으로서 신앙과 도덕이 필수요소다. 하나님과 성경 없이 세상을 올바로 통치하는 것은 불가능하다. (조지 워싱턴)[3]

미국혁명의 최고 영광은 이것이니, 시민 통치의 원칙들과 기독교의 원칙들이 단단히 결속된 것이다. (존 애덤스)[4]

---

1 — 존 윈스럽, "기독교적 사랑의 모델." 1630년. 존 F. 케네디, "산 위의 동네." 1961년 1월 9일에 메사추세츠 대법원에서 한 연설. 도널드 레이건, "우리는 산 위의 동네가 될 것이다." 1974년 1월 25일에 제1차 보수 정치 활동 컨퍼런스에서 한 연설. 또한 존 애덤스, 알렉산더 해밀턴, 조지 워싱턴, 제임스 매디슨, 에이브러햄 링컨, 율리시스 그랜트, 우드로 윌슨, 캘빈 쿨리지, 프랭클린 D. 루스벨트, 빌 클린턴 대통령도 이 구절을 인용함.

2 — 로버트 헌트 목사. 신세계 봉헌 기도. 1607년 4월 29일.

3 — Douglas Simpson. *Looking for America: Rediscovering the meaning of freedom* 더글러스 심슨. *미국을 찾아서: 자유의 의미의 재발견*. (Enumclaw, WA: WinePress Publishing, 2006), 304.

4 — 같은 자료.

이런 진술들은 건국 선조들이 미국과 미국 정부를 하나님이나 성경과 분리할 의도가 없었다는 것을 보여준다. 미국의 인본주의자, 세속주의자, 자유주의자들은 이런 기록을 거부한다. 왜냐하면 이 기록들은 국가와 교회를 분리해야 한다는 그들의 "분리" 신화를 부인하기 때문이다. 그래서 안타깝게도 이런 성격의 인용구들을 오늘날 미국 공립학교 교과서에서 찾아볼 수 없다. 그들이 우리의 역사를 싫어하는 것은 자기 마음이겠지만, 왜곡해선 안 된다. 미국은 하나님과의 파트너십 속에서, 하나님 아래 건국되었다.

그러나 건국 이래 우리 미국인들은 하나님이 우리에 대해 가지신 꿈을 자아도취적이고 이기적인 "아메리칸 드림"으로 바꾸었다. 그 중심에는 돈, 물질주의, 권력이 자리한다. 그러나 그러한 육신적인 꿈은 과거에 미국을 위대하게 만들지 못했고, 앞으로도 우리를 위대하게 만들지 못할 것이다. 우리는 원래 하나님이 주신 꿈을 되찾아야 한다.

그러나 미국의 세속주의자들은 미국이 하나님 없이 위대할 수 있고, 우리의 위대함은 우리 자신의 능력, 결단력, 천연자원 때문이라고 주장한다. 이것은 어리석은 교만이요 속임수다. 성경은 공의가 나라를 영화롭게 하고 여호와를 자기 하나님으로 삼은 나라가 복이 있다고 말씀한다(잠 14:34, 시 33:12). 에이브러햄 링컨은 그것을 분명히 이해하여 1863년 3월에 그것을 선언하는 기도문을 썼다.

우리는 천혜의 풍성함을 받았다. 우리는 오랜 세월 평화와 번영 속에서 보호되었다. 우리는 다른 나라에서는 전례를 찾아볼 수 없을 정도로 인구, 부, 힘이 성장했다. 그러나 우리는 하나님을 잊었다. 우리를 평화 속에 지켜주시고, 번성하게 하시고, 부유하게 하시고, 힘을 주신 은혜로운 그 손길을 잊었다. 그리고 우리는 기만적인 마음으로 헛되이 상상했다. 이 모든 축복이 우리 자신의 우월한 지혜와 덕으로 생산되었노라고 말이다. 거침없는 성공에 취한 우리는 자만하여, 하나님의 구속과 보존의 은혜가 필요하다고 느끼지 않으며, 또 너무 교만하여 우리를 만드신 하나님께 기도하지 않는다.[5]

경각심을 주는 이 말이 150년 전이나 지금이나 우리에게 들어맞는다. 아마 지금은 더 심해졌을 것이다. 미국은 길을 잃었다. 미국 국가가 길을 잃었을 뿐 아니라, 현재 미국의 기독교도 혼란에 빠지고 무력하다. 안일한 그리스도인들로 가득한 우리는 그리스도가 의도하신 대안 문화가 아니라 세상의 하위문화가 되었다. 우리는 세상을 닮아가는 자들이 되었고, 그리스도께서 우리에게 명령하신 대로 모든 족속을 제자 삼는 사람들이 되지 못했다(마 28:19 참조). 영성의 재탄생과 개척자 정신의 회복이 미국을 뿌리로 돌아가게 하는 데 절실히 필요하다.

우리는 프랑스인 알렉시스 드 토크빌이 1831년에 미국을 연구하러 와서 경고한 것에 귀기울여야 한다.

나는 미국의 위대함과 탁월함의 열쇠를 미국의 항구, 기름진 밭, 끝 모를 숲, 풍부한 광산과 활발한 세계교역, 공립학교, 교육기관, 민주적 의회, 비할 데 없는 헌법에서 찾으려 했다.

그러나 미국 교회들에 가서 의로 불붙은 설교를 듣고 나서야 비로소, 나는 미국의 탁월함과 능력의 비결을 알았다. 미국이 위대한 것은 미국이 선하기 때문이다. 만일 미국이 선하기를 멈춘다면, 위대하기를 멈출 것이다.[6]

선한 옛 길

오래 전에 예레미야 선지자는 이스라엘의 타락한 상태를 한탄했다. 오늘날 미국처럼, 이스라엘도 타협, 안일함, 우상숭배에 빠져있었다. 그러자 하나님이 예레미야를 통해 그들에게 권고하셨다. "가서 십자로에 서서 둘러보라. 옛 길, 진리로 검증된 그 길로 가는 방향을 물어보라. 그러고 나서 그 길로 가라."(렘 6:16, 메시지 성경).

미국도 이스라엘처럼 길을 잃었다. "선한 옛 길"에서

---

5 — Lincoln, Abraham. "Proclamation 97-Appointing a day of national humiliation, fasting, and prayer에이브러햄 링컨. 선포 97조-국가적 겸비, 금식, 기도의 날." 30 March 1863. 1863년 3월 30일.
6 — 알렉시스 드 토크빌의 책에서 인용한 것은 아니지만, 이 진술은 그가 한 것으로 미국 대통령들과 리더들이 광범위하게 인용했다.

이탈한 우리는 하나님 없는 인본주의와 도덕적 상대주의의 광야에서 목적 없이 방황하고 있다. 미국의 많은 국가 리더들이 권력에 취하고 기만에 속아 혼란에 빠져있다. 너무나 많은 영적 리더들이 인공위성에 연결되지 못한 GPS처럼 하늘의 방향성을 상실하고 있다. 그들은 비성경적 이상의 패키지에 팔려, 잘못 정한 목표들을 향하여 달려가며, 길들여지지 않은 자신의 자아를 원동력으로 삼는다. 교회가 빨리 성장하고 교인 수가 큰 것이 성공 기준이 되었다. 그들은 그리스도의 사명 선언문을 잊었다. 그것은 가난한 자에게 복음을 전파하고, 포로 된 자를 풀어주고, 눈먼 자의 눈을 열어주고, 억압당하는 자를 풀어주고, 귀신을 쫓아내고, 병자를 고치고, 모든 민족들을 제자 삼으라는 것이었다 (눅 4:18, 마 28:19). 슬프게도, 그들의 메시지는 힘을 잃었다. 왜냐하면 거기에 십자가가 없기 때문이다. 그들의 삶에 기름 부음이 없다. 왜냐하면 그들이 성령을 모르기 때문이다.

우리는 선한 옛 길을 버렸다.

오늘날의 미국

새 길은 우리를 어디로 이끌었는가? 우리의 학교에는 기도, 성경 읽기, 도덕적 기준이 없다. 그 결과 우리 아이들은 진리의 닻을 내리지 못한 채, 도덕적 상대주의의 미로 속에서 목적 없이 방황한다. 나의 한 동료가 동성애를 토론하기 위해 TV 프로그램에 나갔던 이야기를 해주었다. 그 프로그램에서 한 여섯 살 소년이 (6세에 불과한 아이가!) 자신은 소년의 몸에 갇힌 소녀라고 한탄했다. 그러나 그 아이는 스스로 결론을 내리기에 아직 너무 어려서 수술을 받아서 자기가 생각하는 그 문제를 교정할 날을 기다리고 있었다. 그래도 남자의 신체적 특징을 갖지 않았냐고 질문을 받자, 아이는 "그건 선천적 신체 결함일 뿐이에요"라고 대답했다.

슬프다.

나는 한 십대 소녀가 레즈비언 애인을 학교 무도회에 파트너로 데려오려다가 학교 당국의 허락을 받지 못해, 소송하려고 한다는 얘기를 들었다. CNN이 그 여학생과 인터뷰를 하면서, 그녀의 용기를 치하하고 그녀가 부당한 대우를 당했다고 안타까워했다. 오바마 대통령은 그녀를 백악관으로 초청해 치하했다. ACLU(미국 시민 자유 연맹)은 당연히 그녀를 법적으로 대리하고 있다.

우리는 혼란에 빠져있다.

대법원이 동성애 결혼을 합법화했다. 다섯 명의 대법관이 헌법이 자기들에게 결혼을 재정의할 권리를 줬다고 생각했다. 그러자 오바마 대통령은 LGBT(성소수자: 레즈비언, 게이, 양성애자, 트랜스젠더) 운동의 무지개 색 조명을 백악관에 밝혀서 하나님을 모욕하고 성경을 믿는 모든 그리스도인들을 모욕했다. 최근에 그는 모든 공립학교들이 남녀 혼욕을 허락하지 않으면 소송과 지원금 박탈을 당할 것이라고 위협했다. 그 지원금은 국민의 세금에서 나오는 것인데 말이다.

미쳤다!

최근 뉴스위크지는 결혼에 대한 기사에서 "옛날 옛적에 결혼은 타당성이 있었다. 이제 결혼은 필요하지 않다"고 말했다.[7] 그들은 성경의 기준을 비웃는다. 그들은 성경을 여전히 믿는 자들을 비웃는다. 그리고 그 기사는 이렇게 말한다.

> 보수주의자들이 동성 결혼이 결혼의 '신성함'을 '파괴할' 것이라고 주장할 때, 우리는 의문을 품는다. '잠깐, 그건 이미 우리가 파괴하지 않았어?' 그리고 결혼할 때까지 '자신을 지킨다는' 그 개념 말이야, 제발 그러지 마.
>
> 건강한 파트너십은 물론 가능하다. 그러나 영구적 결혼은 너무 단순한 생각이고 심지어 오만해 보이기까지 한다.[8]

결혼은 시대에 뒤처진 제도라는 주장을 펴기 위해, 뉴스위크지는 다양한 사실을 들먹인다. 가령 남성의 60퍼센트와 여성의 50퍼센트가 결혼생활 중에 외도한

---

7 — Bennett, Jessica and Ellison, Jesse "The Case Against Marriage" 제시카 베넷과 제시 엘리슨. "결혼에 대한 반대 소송." *Newsweek뉴스위크*. June 11, 2010. 42-45.
8 — 같은 자료.

다. 2008년에 미국에서 출생한 41퍼센트의 아이가 미혼모에게서 태어났다.[9] 우리는 그들의 결혼반대 결론에 찬성하지 않지만, 그러한 사실들 자체는 섬뜩하다.

우리는 선한 옛 길을 잃었다!

우리가 돌아가려면 어떻게 해야 할까? 새 세대가 길을 찾고, 변화의 수행자가 되고, 미지의 세계로 용감히 나아가고, 두려움에 맞서고, 가로막는 장애물을 뚫고 나아가는 것이 필요하다. 그들은 성령의 인도와 기름부음을 받아야 한다. 여호수아는 두려움을 모르는 개척자들의 세대를 이끌었다. 미국의 건국 선조들은 용감한 것의 기준을 제시했다. 나의 조부모 세대는 길을 만드는 영웅들이었다. 때로는 하나님이 한 세대 전체에 개척자 정신을 주신다!

그러나 나의 세대와 나의 부모 세대는 현상 유지에 급급하며 안주했고, 국가적으로나 영적으로나 미국의 뿌리인 개척자 정신에서 벗어났다. 그래서 우리는 서서히 죽어가면서 해답이 없었다. 그 결과 우리는 기반을 상실한 문화의 진흙탕과 "절대 진리는 없다"는 인본주의적 사상의 늪에 빠져 허우적댔다.

그러나 감사하게도, 하나님께 답이 있다. 하나님이 새 세대에 하나님을 경험하는 미국인들, 개척자 정신을 가진 자들을 일으키고 계신다. 현상에 안주하기를 거부하는 이 세대는 우리가 선한 옛 길을 발견하게 도와줄 것이다. 그 길은 뿌리로 돌아가게 우리를 이끌며, 영광스러운 미래로 전진해 나아가게 할 것이다.

당신도 그 중 한 사람이 될 수 있다.

---

9 — 같은 자료.

제 3 장

다른 자

다른 :
본질이나 특성이 남다르다, 구별되거나 분리되다, 고유하다.

이미 언급한 전반적 생각이나 성향과 더불어, 모든 개척자들에게 필요한 여섯 가지 핵심 가치들이 있다. 이 뚜렷이 구별되는 특징들은 미국을 옛 길로 돌이키려는 자들에게 필수적이다.

당신에게 지금 이런 특징들이 없다고 해서, 당신은 여기 속하지 않는다고 생각하지 말라. 당신이 거듭난 그리스도의 제자라면 그리스도의 DNA가 당신 안에 있다. 로버트 더 브루스는 비겁하게 윌리엄 월리스를 배신한 것으로 악명이 높지만, 후에 분연히 일어나 스코틀랜드의 저항운동을 이끌어 자유를 쟁취했다. 당신도 내면에 감춰진 본질을 발견할 수 있다. 사도 베드로는 그리스도를 부인했으나 불과 몇 주 후에 초대 교회의 선구적 역사를 이끌었다. 사도 바울도 한때는 그리스도인들을 박해했으나 후에는 함께 고난을 당했다.

변화는 일어난다.

무엇이 필요한가?

미국은 대부분의 그리스도인들까지 포함하여 세상에 순응하는 나라가 되었다. 그러나 하나님의 말씀은 문화를 본받지 말고(롬 12:1-2) 문화를 변화시키는 빛과 소금이 되라고 하신다(마 5:13-14). 소금과 빛이 의미하는 것은 우리가 맛, 부패방지, 방향, 계시를 주변 세상에 제공해야 한다는 것이다. 우리는 불신자가 아니라 변화의 수행자가 되어야 한다. 그러나 대중을 따라가면서 변화의 매개자가 될 수 없다! 대중을 따라가는 것

다른 자

은 그것이 옳은 길, 옳은 방향으로 가는 것일 때만 좋다. 누군가 지혜로운 말을 했다. "당신이 어디로 가는지 모른다면, 어느 길로 가도 된다고 말할 것이다." 그러므로 하나님이 미국을 우리의 뿌리로 돌이키시는 데 사용하실 사람들의 첫 번째 필수 요건은 다르고자 하는 자발성이다. 개척자, 선구자, 길을 찾는 자 등이 모두 가진 한 가지 공통점은 흐름을 따라가지 않고 흐름을 창조하는 것이다.

목소리가 되라

세례 요한은 개척하는 선구자로서 그리스도의 지상 사역의 길을 예비했다. 그는 분명히 달랐고 다른 흐름을 창조했다. 광야에 살며 메뚜기와 꿀을 먹는 이 특별한 사람은 이스라엘 나라에 큰 영향을 미쳐서 큰 회개가 일어났고, 그것은 메시아를 위한 영적 "고속도로"를 만들었다. 누가 그에게 메시아냐고 물으면, 요한은 "아니오, 나는 그저 준비하는 목소리요"라고 대답했다.

그는 길을 놓는 자였다.

미국에 변화의 길을 놓는 목소리가 필요하다. 그러려면 요한이 이 과정을 회개와 연관시키는 이유를 알아야 한다. 오해받는 헬라어 단어 '메타노에오'의 개념은 정죄가 아니라 생각의 변화이고, 그것은 방향이나 행동의 변화로 이어진다. 패러다임, 사고방식, 이데올로기 등이 사회의 길들을 만들어낸다. 요한은 사람들에게 다르게 생각하도록 도전함으로써 길을 만들었다. 변화의 매개자는 대중과 다르게 생각해야 한다. 그러면 시간이 지나면서, 그들이 대중에게 영향을 미쳐 대중도 다르게 생각하게 된다.

오늘날 미국에서 여러 종교가 목소리를 낸다. 그러나 사회적 변화를 크게 일으킨 종교는 별로 없다. 슬프게도, 미국 교회의 많은 리더들이 바라는 변화는 단지 교인 수가 더 늘어나는 것과 사역 규모가 더 커지는 것이다. 그것을 이루려고 그들은 오늘날 교회에 필요한 "다른 생각"은 혁신과 창의성, 즉 더 나은 그래픽, 더 밝은 조명, 더 많은 여흥과 더 짧은 예배라고 생각한다. 우리 인간들은 자주 스스로의 생각과 활동으로 성령의 기름 부음을 대체한다.

뭔가 고장 났다. 고쳐야 한다. 그래픽과 조명이 나쁘다는 것이 아니라, 요구되는 진정한 변화는 그것이 아니다. 우리는 다른 방법이 아니라 다른 정신과 메시지가 필요하다. 더 많은 혁신이 아니라 새로운 기름 부음을 전수받는 것이 필요하다. 기분을 좋게 하는 프로그램이 아니라, 뜨거운 기도가 필요하다. 오직 그것만이 하나님 나라의 원리들과 능력을 가지고 침노하여, 참된 사회적 변화를 일으킬 것이다.

변화를 일으키는 자들은 전진하려면 옛 길로 돌아가야 한다는 것을 안다. 사람들을 우리 자신이 아니라 예수님께로 이끌어야 한다. 종교적 시스템이 아니라 진리를 향해 이끌어야 한다. 건물이 아니라 라이프스타일이 변화하도록 이끌어야 한다. 세례 요한이 예수님에 대해 말했다. "그는 흥하여야 하겠고 나는 쇠하여야 하리라"(요 3:30). 오늘날 미국의 많은 영적 지도자들의 문제는 교회의 영향력, 사역의 크기, 그들의 목소리가 들리는 범위를 확대하려 하는 것이다. 그러나 하나님을 위한 목소리가 되려는 참된 목적은 사람들을 그리스도께 인도하는 것이어야 하며, 우리의 사역이나 회중을 키우는 것이 아니다. 주목할 사실은 예수님이 그 당시 태어난 사람들 중에 가장 큰 자라고 하신 요한마저도(눅 7:28), 결국 목 베임을 당했다는 것이다. 그와 같이, 우리 자신이나 우리의 사역은 소모될 수 있다. 그러나 그리스도는 소모되지 않으신다. 자신의 출세보다 변화를 열망하는 목소리를 낼 자를 그리스도가 찾고 계신다. 그들은 차이를 만드는 자들이다.

개척자들은 거인을 죽이는 자들이다

하나님이 이스라엘에게 약속하신 땅을 정탐하라고 모세가 보낸 열두 정탐꾼 중 한 명인 갈렙은 분명히 달랐다. 하나님이 갈렙을 다음과 같이 묘사하셨다. "갈렙은 그 마음이 그들과 달라서"(민 14:24).

정말 그랬다!

하나님은 갈렙이 다르다고 하셨다. 하나님은 다른 열 명의 정탐꾼들이 시류를 따라가고, 믿음이 약하고,

노예의 마음을 가진 것과 갈렙을 비교하셨다. 그 줏대 없는 개척자 지망생들은 약속의 땅이 하나님이 말씀하신 대로 정말 좋다는 것을 인정했다. 그러나 안타깝게도 그 땅은 거인들, 강한 군대들, 무장한 도시들의 지배를 받고 있었다. 겁쟁이들이 흔히 그렇듯, 이 열 명의 정탐꾼들은 두려움과 불신으로 이스라엘을 오염시켰다. "하나님이 거인들 이야기는 빼놓으셨어. 그들은 키가 거의 3미터야." 그들은 자기들의 의견을 말했다.

두려움에 지배되는 성도들에게는 거인들이 하나님보다 더 크다. 딱한 사실은 10명의 겁에 질린 정탐꾼들이 이스라엘의 "지도자"였지만(민 13:2), 약속의 땅으로 진격하여, 거기 사는 귀신에 사로잡힌 거인들에 맞설 믿음이 없었다는 것이다. 그들은 이끌지 않는 지도자였고, 싸우지 않는 아버지였다. 그들은 개척자가 아니라 안주하는 자였고, 안주하는 자는 거인을 두려워한다. 겁내고 불신하는 자들은 벽을 세워 거인들을 막지만, 개척자들은 그들을 쫓아낸다. 충격적이게도, 10명의 "안주하는 자들"은 자유를 위해 목숨을 걸기보다 (주인이 의식주를 제공해주고 싸울 필요가 없는) 애굽의 노예생활로 돌아가기를 원했다.

그들은 세태를 따르는 자, 안전을 추구하는 자들이었다.

그러나 갈렙은 달랐다. 갈렙은 싸우려 했을 뿐만 아니라 기럇아르바 마을을 자신이 싸워서 얻어야 할 임무지로 배정해달라고 요청했다. 당신은 질문할지 모른다. "왜 그게 의미심장하죠?" 기럇아르바는 "아르바의 도시"를 의미하며 아르바는 "아낙 사람 중에서 가장 큰 사람(모든 거인들 중에 가장 큰 자)"였다(수 14:15). 그 거인들 중에서 가장 크고 나쁘며 그 지역을 통치하는 아르바가 그 산을 선택했다. 즉 그 영토에서 가장 높은 곳을 아르바가 선택하여, 거기서부터 다스리면서, 그 도시의 이름을 자신의 이름을 따라 지었다.

그러나 거인들과 그들의 무장 도시를 향한 갈렙의 태도는 어땠는가? 간단하다. "가서 악한 거인들을 죽이고 땅을 차지하자. 내가 가장 큰 자를 맡겠다!"

당신도 갈렙처럼 다른 영을 받을 수 있다!

세월이 흐른 후, 갈렙이 마침내 기럇아르바를 정복하도록 허락되었을 때 (하나님께서는 이스라엘에게 불신 세대가 죽을 때까지 40년을 더 기다리라고 하셨다) 그는 그곳의 이름을 "친구 사이"를 의미하는 헤브론으로 바꾸었다. 갈렙은 헤브론에서 하나님과 친구 사이를 누렸고, 다른 많은 사람들도 그랬다. 그 상징성에 걸맞게, "하나님의 친구" 아브라함도 거기에 장사되었다. 두려움에 직면하고 거인들을 정복하는 갈렙들은 다른 사람들이 하나님을 친구로 사귀고 하나님과 친구 관계를 누리도록 길을 예비한다.

흥미로운 것은 갈렙이 기럇아르바를 정복한 후, 조카 옷니엘도 거인이 지배하는 그 근처의 도시, 기럇 세벨을 정복했다는 것이다. 그는 "지성소"를 의미하는 드빌로 그곳의 이름을 바꾸었다. 실제 지성소는 하나님의 임재와 영광이 거하는 곳이다. 옷니엘은 하나님의 임재와 영광이 거하시는 도시를 다스리기 원했던 것이다. 갈렙이 승리한 곳은 하나님과 친구가 되는 곳이었지만, 갈렙의 조카는 더 나아가 하나님의 셰키나 영광을 구했다. 우리가 거인을 정복할 때, 우리 후의 세대도 정복하는 본성을 이어받아서 그들 또한 정복자가 된다. "친구 사이"(헤브론)에서 "지성소"(드빌)로 발전된 것을 보라. 하나님의 친구들은 하나님의 임재 안에 사는 세대를 재생산한다. 차이를 만드는 자들은 차이를 만드는 자들을 낳는다.

오랜 세월이 흐른 후, 새로 왕이 된 다윗은 처음에 헤브론에서 집권했다. 그리고 7년 후에 예루살렘으로 옮겼다. 갈렙이 헤브론에 입성했을 때, 그 자신은 미처 몰랐겠지만, 미래에 다윗이 이스라엘을 다스릴 길을 개척했던 것이다. 개척자, 변화의 선구자는 자신들이 길을 예비함으로써 이루게 될 일들을 다 못 볼 수 있다. 그러나 그들은 개척 정신으로 계속해서 새 길을 놓는다.

이름도 모르고 얼굴도 모르는 개척자들

미국은 다른 영을 가진 개척자들 위에 세워졌다. 미국을 가로지르는 험준한 로키 산맥 분수령 어디쯤엔가 당신을 위해 길을 열어주려고 죽은, 이름도 얼굴도 모르는 개척자들의 뼈가 햇빛에 바래어간다. 알링턴 국

립묘지에는 당신의 자유를 위해 길을 예비하느라 죽은 무명용사들이 잠들어있다.

이제 미국에는 개척자들의 차세대가 필요하다. 21세기의 개척자들이 정복해야 할 최전선은 산맥이 아니라 생각과 신념의 영역이다. 그리고 우리가 직면하는 지뢰밭은 노르망디 상륙 작전을 했던 오마하 해변이 아니라, 생각과 이데올로기의 지뢰밭이다. 여하튼 개척자의 필요성은 여전히 절실하다.

교회도 선구적 개척자들에 의해 세워졌다. 로마 콜로세움의 흙은 선구적 순교자들, 우리 형제자매들의 피에 젖었다. 그들은 우리의 선구적 개척자 리더, 예수님의 뜻을 이루기 위해 죽었다. 그들이 천국에서 우리를 바라보고 있다. 기준을 낮추지 않을 세대가 나타나게 해달라고 그들의 피가 호소하고 있다. 구름같이 허다한 그 증인들이 기다리고 있다. 미국에 다시 한 번 차이를 만들 세대가 일어나, 하늘의 거룩한 뜻을 위해 목숨을 내어놓기를 기다리고 있다.

당신은 어떻게 할 것인가? 개척자의 길을 선택하라. 무리를 떠나라. 당신만은 남들과 다르게 살라! 망가진 시스템을 흔들고 관습의 배를 흔들어라. 당신이 숭고한 뜻에 결연히 헌신하는 것을 보고 안일한 자들이 긴장하게 될 것이다.

가자. 선한 옛 길을 찾으러.

제 4 장

헌신

드문 : 흔하지 않거나 일반적으로 보기 어려운.
헌신 : 일련의 행동에 (지적으로나 정서적으로) 자신을 묶는 것,
목적을 진실하고 성실하게 확정하고 바꾸지 않는 특징.

예수님이 제자들에게 "나를 따르라"고 하셨다.

그러면 제자들은 당연하게 "따라서 어디로 가요?"라고 질문할 것이다.

그러나 예수님의 유일한 대답은 "모르는 곳으로"였을 것이다.

여호와께서 우리의 영적 아버지인 아브라함에게 하셨듯이, 그리스도도 제자들에게 그렇게 하셨다. "나는 너희가 나를 어떤 식으로 따르고 어디로 갈지 선택하기를 바라지 않는다. 너의 뜻을 백지상태로 나에게 맡기기 바란다. 나를 따르라. 그게 전부다." 개척자에게 익숙함과 안전함은 필요하지 않다. 그들은 길을 따라가는 자가 아니라, 없는 길도 만드는 자다. 규칙은 바뀌지 않았다. 보기 드문 헌신으로 위험을 감수하라고 그리스도가 요구하신다. 그것은 그가 변화의 매개자로 사용하시는 사람들의 절대적, 본질적 특징이다.

진정한 길을 만드는 자, 개척자라면 모두 이런 헌신이 있어야 한다. 가벼운 마음으로나 피상적으로 헌신하기에는 도전이 너무 크고 역경이 너무 거세다. 변화의 매개자들은 "올인"해야 한다. 그렇지 않으면 분명히 "뒤로 물러서게" 될 것이다.

가젤 그리스도인

전진하지 않는 미국 교회는 일상으로 돌아가서, 안전하고 익숙한 곳에 살고, 건물을 짓고, 자기들끼리 즐기기에 급급하다. 최근에 내가 잘 아는 교회 네트워크의 리더 목사가 그의 목사들에게 이렇게 말했다고 한다. "새로운 아이디어를 시도하거나 그리스도의 몸 안에 나타나는 새로운 계시를 받아들이지 마세요. 위험 부담은 다른 사람들이 감수하게 놔두세요. 그들이 먼저 해보아서 효과가 있으면, 그제야 수용하세요." 상당히 좋은 조언이다. 만일 안주하고 생존하려고만 한다면 말이다. 그러나 그것은 차이를 만들고자 하는 사람의 생각은 아니다.

그러한 사고방식은 "가젤 그리스도인"을 양산할 뿐이다. 아프리카 가젤은 상당히 높이 뛰고, 또 한 번에 약 10미터를 뛸 수 있지만, 1미터 높이 담 안의 동물원에 갇혀 산다! 왜냐하면 가젤은 착지할 지점이 눈에 보이지 않으면 점프하지 않기 때문이다. 사로잡혀 살아가는 소심한 가젤처럼 우리도 미지를 두려워한다면, 사람이 만든 담과 종교적 울타리를 결코 벗어나지 못할 것이다.

점프하라!

익숙한 것을 떠나라!

파격적 기독교의 선한 옛 길을 찾으라. 온전히 헌신하고, 표적과 기사를 행하고, 새로운 지역에 침투하고, 문화에 영향을 미치고, 열방을 제자 삼고, 세상을 뒤집어놓으라. 그것이 우리의 부르심이다!

미국 교회는 오늘날 미국의 자아도취적이고 인본주의적인 문화를 따라가고 있다. 그 결과 우리는 헌신의 수준을 낮추었고 "나에게 무엇이 유익한가?"를 찾는 복음을 전파한다. 성경에서 그러한 자기중심적인 복음을 찾지 말라. 성경에 그런 것은 없다. 사실 그리스도의 메시지는 우리의 메시지와 매우 다르다. 만일 예수님이 오늘날 미국에서 전도자나 교사였다면 그의 메시지는 대부분의 교회들에서 환영받지 못했을 것이다. 그것을 바꾸는 것은 어렵다. 그래서 교회를 신약의 기독교로 되돌리고자 결단한 이타적이고 파격적인 선구자의 새 세대가 필요하다. 그리스도와 그의 뜻에 대한 보기 드문 헌신이 요구된다.

그러나 우리 목표는 변화된 교회만이 아니다. 우리는 복음의 전초기지가 될 의롭고 자유로운 나라가 필요하다. 그러므로 교회 안에서만이 아니라 일반 영역에도 헌신된 영적 리더들이 필요하다. 우리는 성경의 이상과 원칙을 일반 사회 영역과 너무 분리시키는 경향이 있다. 그것은 비성경적이다. 하나님은 삶과 문화의 모든 측면들에 관심을 가지시며, 하나님의 원칙들은 그 모두에 적용 가능하다. 하나님으로부터 받은 소명을 미국이 장래에 이루게 하려면, 파격적으로 헌신하는 영적 개척자들이 정부, 교육, 사업, 그리고 미국인의 삶의 모든 분야마다 필요하다. 단지 교회에서만이 아니다.

복잡하지 않다

로널드 레이건 대통령은 영적이고 애국적인 개척자로서 보기 드문 헌신을 했던 사람이다. 파격적으로 헌신된 사람만이 세계무대에 서서 모든 조언자들의 의견을 물리치면서까지 단호하게 선포할 수 있기 때문이다. "고르바초프 씨, 이 담을 허무십시오."[1]라고 말이다. 그가 이 대담한 선포를 한 것은 대통령직에 있던 1987

년이지만, 개척자의 씨앗들은 레이건 안에 그보다 훨씬 전부터 자라고 있었다. 1964년 10월 27일에 그는 정곡을 꿰뚫는 선포를 했다. "사람들은 세상이 복잡해져서 간단한 해답으로는 되지 않는다고 말한다. 그 말은 틀렸다. 쉬운 해답은 없지만, 간단한 해답은 있다. 우리는 우리가 옳다고 말하는 것을 행할 용기만 가지면 된다."[2]

하나님이 미국에 더 많은 로널드 레이건을 주시기를 바란다!

그의 말은 고린도후서 11장 3절을 기억나게 한다. "뱀이 그 간계로 하와를 미혹한 것 같이 너희 마음이 그리스도를 향하는 진실함(simplicity 단순함)과 깨끗함에서 떠나 부패할까 두려워하노라." 단순한 헌신! 단순한 해답! 옳은 것을 하는 것이 늘 복잡하지는 않다. 비싼 값

---

1 — Reagan, Ronald. *Address at the Brandenburg Gate*. 12 June 1987. 로널드 레이건. 브란덴부르크 문에서 연설. 1987년 6월 12일.

2 — Coffey, Major William T., Jr., *Patriot hearts: An anthology of American patriotism*. 윌리엄 T. 코피 2세 소령, 애국자의 마음: 미국 애국 명문집 (Colorado Springs, CO: Purple Mountain Publishing, 2000). 68.

을 치러야 할 때가 있지만, 복잡하지는 않다.

개척자들은 담대하다

조지 패튼 장군도 보기 드문 헌신과 경건의 사람이었다. 나는 그의 마음을 사랑한다. 패튼의 말은 강하고 투박하지만, 열정이 드러난다. 열정적인 마음이 항상 그를 전진하게 하는 원동력이었다. 어려운 전투 중에 부하 장교들이 후퇴해야 한다고 하자, 패튼은 말했다. "우리는 후퇴하지 않고, 뒤로 전진할 것이다."

그런 그를 사랑하지 않을 수 없다.

패튼 장군은 히틀러의 마지막 대공세인 발지 전투에서 세계를 구하는 데 톡톡한 역할을 했다. 힘든 상황에서도 그와 그의 군대는 불굴의 헌신을 세상에 보여주었고 히틀러의 진격을 막았다. 유럽에서의 전투가 끝나가는 것을 보고, 패튼은 마샬 장군에게 이렇게 요청했다. "독일에 대한 작전이 성공적으로 끝나면, 일본에 대한 어떤 전투에든 저를 써주십시오. 제 나이가 많아

이것이 제 마지막 전쟁이 될듯합니다. 저는 마지막까지 완주하고 싶습니다."[3]

놀랍다!

승리를 완료하기 전에 집에 가서 쉬라고? 전쟁 중에 은퇴하라고? 패튼에게는 해당되지 않았다. 그는 숭고한 뜻을 이루는 데 헌신되어 있었다. 오늘날 미국에 그런 리더들이 더 필요하다.

개척자들은 임무를 소중히 여긴다

패튼의 동시대 인물로서 또 다른 불굴의 인물로 윈스턴 처칠이 있다. 그도 세상을 히틀러로부터 구하는 데 일조했다. 그가 얼마나 헌신된 리더였던가! 처칠의 리더십 하에서 그의 열정과 결의, 감동적인 웅변으로 영도된 잉글랜드는 독일을 막을 수 없을 것 같아 보일

---

3 — 같은 자료., 7

때도 히틀러에 대항하며 선한 싸움을 싸웠다. 그 시기에 처칠이 한 말 중에는 임무에 대한 것이 많았다. "인간의 결말은 물질적 계산으로 측정되지 않는다. 세상에서 큰 힘들이 격돌할 때, 우리는 우리가 동물이 아니라 영임을 발견한다. 뭔가가 일어나고 있다. 싫든 좋든 그것은 우리가 수행해야 할 임무다."[4]

맞다!

또한 우리가 싫어하든 좋아하든 오늘날 미국에 필요한 것은 "임무"다. 낙태는 임무와 관련된다. 잃어버린 세대는 임무와 관련된다. 여섯 살의 동성애자들, 급증하는 성 인신매매, 적그리스도의 영과 태도, 전통적 결혼에 대한 공격, 타협하는 교회 등 이 모든 것들과 세상의 많은 문제들이 임무와 관련된다. 하나님이 우리를 부르고 계신다. 개척자 세대가 되어 선한 옛길을 찾고, 헌신, 희생, 용사의 마음으로 섬기라고 하신다.

최근에 나는 마커스 러트렐이 쓴 《유일한 생존자, Lone Survivor》라는 책을 읽었다. 그것은 미국 해군 특공대가 겪은 최대의 손실들에 대한 이야기다. 이 베스트

셀러만큼 나에게 강력한 영향을 미친 책은 별로 없었다. 보기 드문 헌신이라는 말도 그 특공대 용사들을 다 묘사하기에는 역부족이다. 나는 그 책을 읽고서 조용히 혼자 생각하는 시간이 많아졌다. 무엇보다도 나는 그리스도의 위대한 뜻에 대한 내 헌신도를 분석해보았다. 그리스도에 대한 나의 헌신도는 그 용감한 군인들이 서로를 위해, 그리고 그들의 숭고한 목적을 위해 한 일에 견줄만한가? 성경의 이방 왕, 벨사살의 이야기처럼, 나는 "무게를 재어보았더니 미달하는" 느낌이었다.

우리 대부분은 그 용감한 사람들이 견딘 아픔과 고통을 견뎌야 할 상황까지는 이르지 않을 것이다. 우리의 신체로 그것이 가능하지도 않을 것이다. 그러나 마음에 있어서만은 우리도 그리스도와 그의 숭고한 뜻에 대한 헌신도가 같아야 한다. 그리스도가 세상의 빛으로 세우신 이 나라에 대해서도 마찬가지다. 해군 특공

---

4 — 같은 자료., 68

대의 신조를 읽으며, 나는 이것이야말로 모든 그리스도인의 신조가 되어야 한다는 생각을 떨칠 수 없었다. 그래서 나는 그것을 늘 가지고 다닌다. 그것이 너무 감동적이어서 당신과 나누고 싶다. 좀 길지만, 당신의 시간을 투자할 가치가 충분할 것이다.

전쟁과 불안의 시기에, 조국의 부르심에 응답할 준비가 된 특별한 용사의 무리가 있다. 평범한 사람이지만 성공하려는 열의를 가지고, 역경 속에 단련되어, 미국의 최정예 특공대와 함께 일어나 나라와 국민에게 복무하고 국민의 삶을 보호하려고 한다. 바로 내가 그 사람이다.

나의 계급장은 명예와 전통의 상징이다. 앞서간 영웅들이 내게 하사한 이 계급장은 내가 보호하기로 맹세한 사람들의 나에 대한 신뢰다. 나는 이 계급장을 달아 나의 고귀한 직업과 생활의 책무를 받아들인다. 이것은 매일 내가 감당해야 할 특권이다.

조국과 팀에 대한 나의 충성은 비할 데가 없다. 나는 겸

허히 나의 동료 미국인들의 수호자로서 섬기고, 자신을 스스로 방어하지 못하는 사람들을 방어하려 한다. 나는 내 일을 자랑하거나, 나의 행동이 인정받기를 바라지 않는다. 나는 내 일에 따르는 위험을 기꺼이 받아들이며, 타인들의 복리와 안전을 나 자신보다 우선시한다.

나는 전투 중이나 아닐 때나 명예롭게 섬긴다. 나는 상황에 관계없이 감정과 행동을 통제하는 남다른 능력을 보일 것이다. 타협하지 않는 신의와 성실이 나의 기준이다. 나의 인격과 성품은 견실하다. 내 말은 곧 보증수표다.

우리는 리더로서 이끌고 또한 우리의 리더를 따른다. 명령을 하달 받지 못할 때는 내가 나서서 팀원을 이끌고 사명을 완수할 것이다. 나는 모든 상황 속에서 모범을 보임으로써 이끌 것이다.

나는 결코 포기하지 않을 것이다. 나는 역경 중에 인내하고 활약할 것이다. 조국은 내가 적군보다 신체적으로 튼튼하고 정신적으로 강하기를 기대한다. 만일 내가 맞아 쓰러진다면, 나는 늘 다시 일어날 것이다. 나는 남은 힘을 그러모아 팀원을 보호하고 나의 사명을 완수할 것이다. 나는 결코 전투에서 도망가지 않을 것이다.

우리는 강인하다. 우리는 혁신한다. 나의 팀원들의 생명과 우리의 사명의 성공이 나에게 달려있다. 즉 나의 기술, 나의 전략적 탁월성, 내가 세부사항에까지 얼마나 최선을 다하는가에 달려 있다. 그래서 나의 훈련은 결코 끝나지 않았다.

우리는 전쟁 때를 위해 훈련하고 이기기 위해 싸운다. 나는 전투력을 총동원해 국가가 정한 사명과 목표를 완수할 것이다. 나는 임무를 수행할 때 신속할 것이고, 필요하다면 무력을 사용할 것이지만, 또한 내가 보호할 그 원리들에 충실할 것이다.

용감한 사람들이 내가 수호해야 할 그 자랑스러운 전통과 드높은 명성을 위해 싸우고 죽었다. 최악의 상황 속에서도, 나의 팀원들의 그런 유산이 나의 결의를 한층

굳게 하고 나의 모든 행위를 인도할 것이다.

나는 실패하지 않을 것이다.[5]

위험한 현실부인

나의 친구들이여, 그것이 헌신이다!

그리스도는 그의 뜻에 이런 수준의 열정, 신의, 성실, 헌신을 바칠 사람을 찾으신다. 진리와 진실에 헌신하지 않으면, 그 다음에는 타협이 기다린다. 또한 무관심, 유야무야, 현실부인, 기만이 기다린다. 오스트리아가 92퍼센트의 압도적인 표결로 히틀러와 제3열의 비위를 맞추기로 결정했을 때 히틀러가 말했다. "사람들이 무지한 상태에 머물기로 선택하는 것이 우리에게 얼마

---

5 — Naval Special Warfare Command. "SEAL Ethos/Creed." (November 15, 2010). 해군 특공대. "SEAL의 정서와 신조." 2010년 11월 15일. http://www.public.navy.mil/nsw/Pages/EthosCreed.aspx

나 다행인가."[6] 이 얼마나 비극적 진실인가.

슬프게도, 오늘날 많은 미국사람들이 이런 식으로 진실을 회피한다. 우리의 경건한 뿌리와 그것이 주는 안정성을 거부하고, 우리는 불안한 인본주의와 상대주의를 받아들였다. 그런 어리석음으로 그들은 개구리 보호라는 미명하에 여러 산업들 전체와 식량의 공급원을 봉쇄하면서도 한편으로는 어머니 뱃속의 아기들을 죽이려고 투쟁한다. 그들은 남녀 간의 결혼은 조롱하면서 두 남자나 두 여자 사이의 "결혼"은 찬양한다. 그들은 우리의 헌법과 그 진정한 의미를 무시한다. 우리는 길을 잃었다. 경건하고 애국적이고 헌신된 개척자들의 세대가 일어나 우리를 이 아무 생각 없는 미로에서 이끌어내지 않는다면, 우리는 광야에서 멸망할 것이다.

그러나 나는 개척자들이 오고 있다고 믿는다. 나도 그 중 하나가 되고자 한다. 당신은 어떤가? 그 해군 특

---

6 — Simpson, *Looking For America*, 40. 심슨, 미국을 찾아서. 40쪽

공대처럼, 나도 절대로 그만두지 않을 것이다! 나는 절대로 전투에서 도망가지 않을 것이다! 나의 훈련은 절대로 끝나지 않았다! 나는 실패하지 않을 것이다!

나는 개척자다.

제 5 장

대가

대가 :

어떤 일에 들인 노력이나 희생에 대해 받는 값.

세상을 변화시킬 원래의 열두 개척자들을 그리스도가 훈련시키실 때, 대가를 치러야 한다고 분명히 말씀하셨다.

> 보라 내가 너희를 보냄이 양을 이리 가운데로 보냄과 같도다 그러므로 너희는 뱀 같이 지혜롭고 비둘기 같이 순결하라 사람들을 삼가라 그들이 너희를 공회에 넘겨 주겠고 그들의 회당에서 채찍질하리라 (마 10:16-17).

이에 예수께서 제자들에게 이르시되 누구든지 나를 따라오려거든 자기를 부인하고 자기 십자가를 지고 나를 따를 것이니라 누구든지 제 목숨을 구원하고자 하면 잃을 것이요 누구든지 나를 위하여 제 목숨을 잃으면 찾으리라(마 16:24-25).

결국 이 선구자 제자들은 무슨 값을 치렀는가? 그리스도의 말씀은 그냥 상징적인 것이었을 뿐, 정말 그런 의미는 아니었다고? 제자들에게 정말로 목숨을 내려놓으라고 하신 것은 아니었다고? 역사가 그 질문들에 대답해준다.

- 안드레는 십자가 처형을 당했다.
- 바돌로매는 십자가 처형을 당했다.
- 알패오의 아들, 야고보는 돌에 맞아 죽었다.
- 세베대의 아들, 야고보는 목 베임을 당했다.
- 세베대의 아들, 요한은 고문을 당한 후, 무인도인 밧모섬으로 추방되었다.
- 베드로는 거꾸로 십자가 처형을 당했다.

- 빌립은 거꾸로 십자가 처형을 당했다.
- 도마는 인도에서 순교했다.
- 사도 바울과 세례 요한은 원래의 열두 제자가 아니지만, 그리스도의 초기 리더들이었고, 목 베임을 당했다.

그것은 쉽고 편한 삶과는 거리가 멀었다! 우리가 미국에서 설교하는 복음은 이 정도의 값을 치러야 한다고 요구하지 않는다. 우리는 때로 "주의 은혜로 대속하여서"라고 찬송하고, 구원을 값없이 주신다고 설교하기를 좋아하지만, 찬송가의 그 다음 가사에 영어로는 "나의 모든 것을 주께 빚졌네"가 있다. 사실, 그리스도가 그 피로 사신 것은 우리의 구원 이상이다. 그는 우리들 자체를 사셨다(행 20:28). 그러므로 진정한 그리스도의 제자가 되고, 나라를 변화시키는 개척자가 되려면, 우리의 목숨을 내려놓아야 한다. 그런 마음가짐이 우리가 하는 모든 것, 우리가 무엇을 위하여 사는가 전부에 스며들고, 그것에 영향을 미쳐야 한다. 미국이 돌이키려면, 그것을 타협할 수 없다. 그러므로 이 나라를 돌이키기 위한 세 번째 특성은 아무리 큰 값이라도 치르겠다는 결단이다.

하나님께 발견됨

대영제국의 노예제도 근절운동을 주도한 윌리엄 윌버포스는 그것을 이해하고 실행해 보인 사람이다. 그의 인생을 다룬 영화 〈어메이징 그레이스〉에서 윌버포스의 집사가 혼자 기도하던 그를 깨우는 장면이 있다. 하나님을 발견했느냐는 집사의 질문에, 윌버포스는 "하나님이 나를 발견하셨네"라고 정곡을 찌르는 대답을 한다. 정말로 하나님이 윌버포스를 발견하셨다. 그는 하나님의 마음과 소원에 연합하여 그 숭고한 뜻을 위해서라면 어떤 값이라도 달게 치렀다. 노예제 종식에 대한 열망 때문에 이 개혁가는 위장 장애, 악몽, 조소를 감내했고, 40년 동안 끝없는 노력을 기울였다.

그리고 결국 그가 죽기 며칠 전에, 잉글랜드에서 노예제도를 종식하는 투표가 이뤄졌다. 놀랍게도 그 투표 사흘 후, 그 법이 공식적으로 시행되던 날, 윌버포스의 영혼도 이 세상을 떠났다! 그의 친구이자 당시 하원 의원이었던 토마스 벅스톤은 이렇게 말했다. "그의 노고가 종료된 날, 그의 인생도 종료되었다."[1] 윌버포스가 치러야 했던 값이 컸지만, 보상도 그만큼 컸다. 그리고 하나님이 그의 희생을 크게 인정하시고 소중히 여기셔서 윌버포스가 자신의 노고의 결실을 볼 때까지 살게 하셨다. 이 위대한 개척자가 땅에서 자신의 소임을 완수하고 천국에 들어갈 때 그 얼마나 감동적인 본향 입성이었겠는가!

당신은 하나님께 발견된 적이 있는가? 그리스도의 숭고한 뜻이 당신 안에 살아있는가? 오직 그 숭고한 뜻에 사로잡힌 자만이 기꺼이 값을 치르려 할 것이다.

청교도 순례시조 개척자들

하나님이 순례시조들을 이 땅으로 이끄셨다. 그들이 이 땅에 오는 데 분명히 하나님이 개입하셨다. 그들은 그 꿈을 위해 어떤 값이라도 치르려는 마음으로 왔다.

그들이 밝힌 목적 중에 "하나님의 영광과 기독교 신앙의 증진을 위하여"[2]가 있다. 순례시조들의 이야기나 그림을 보면 행복하고 건강한 사람들이 추수감사절 식탁에 둘러앉아 칠면조, 옥수수, 호박파이 등의 풍성한 음식을 즐긴다. 결국 그렇게 되었지만, 처음부터 그렇진 않았다.

순례시조들은 비좁고 더러운 배를 타고 왔다. 폭풍을 피해 갑판 밑에서 모두가 함께 여러 날들을 지내자, 그곳은 인간의 오물, 토사물이 물과 뒤섞여 질척거렸다. 무서워하는 아픈 자녀들을 안고, 그들은 하나님께 무사히 도착하기를 기도했고, 마침내 그렇게 되었다. 그러나 대비 없이 엄동설한을 맞이하니, 첫 여름이 끝나기 전에 절반 이상이 죽고 말았다.

그러나 그 순례시조들은 실패자가 아니었다. 그들이

---

1 — Dyer, Steven G., *Transforming a Nation: How England turned back to God in the eighteenth century. Can it happen in America?*. 스티븐 G. 다이어, *나라의 변화: 어떻게 잉글랜드가 18세기에 하나님께로 돌아왔는가? 그 일이 미국에도 일어날 수 있을까?* (Oklahoma, OK: Steven J. Dyer, 2010). 54.

2 — *Mayflower Compact*. 1620. 메이플라워 서약. 1620년.

도착한 땅, 헨리 곶에 십자가를 세우고 이 땅을 복음과 하나님의 영광에 바침으로써 그들은 확실한 유산을 남겼다. 하늘은 여전히 그들이 닦은 길과 그들이 한 기도를 소중히 여긴다. 자유의 땅에 묻힌 그들은 지금 우리가 누리는 유산의 핵심적인 부분이 되었다. 모든 개척자들은 유산을 남긴다.

그들이 복음의 전초기지를 세우기 위해 치른 값은 그 후의 우리에게 빚이 되었다. 우리는 이 자유를 지켜야 할 빚을 졌다. 그리고 또한 이 땅을 열방을 위한 진리의 빛, 등대, 산 위의 동네로 보존해야 할 빚을 졌다. 우리가 그 빚을 지불하고 부르심에 응답했는지, 아니면 실패했는지 역사에 기록될 것이다. 만일 오늘날 우리가 그 빚을 갚아서, 옛 선한 길로 돌아가는 힘든 길을 닦는다면, 그것은 우리의 자녀들이 내일 걸어갈 영광스러운 길이 될 것이다.

미국은 값을 치른 많은 개척자들의 피, 땀, 눈물로 이루어졌다. 존 애덤스가 1770년에 보스턴의 대의원으로 선출되었을 때, 그는 그것이 잉글랜드 왕에게 반역으로 간주될 것이라는 것을 알았다. 애덤스는 그 결정을 하고 나면 그 대가로 그의 모든 것을 희생하게 될 것이라고 생각했다. 그가 아내 애비게일에게 알렸다. "나는 국회의원이 되기로 동의했소. 그건 내가 망하는 데 동의한 것이나 마찬가지요."[3]

오늘날이라면 모든 것을 잃을 줄 알면서 국회의원이 되려는 사람이 있을까. 게다가 애덤스의 시대에는 국회의원이 월급을 받지 않았고 소액의 일당만 받았다! 현재의 많은 공무원들이 월급을 받지 않는다면 기꺼이 일을 할까. 공무원직 수행을 위해 목숨을 거는 것은 고사하고 말이다.

그러나 애덤스의 선언은 그것이 전부가 아니었다. 자신이 망할 수 있다는 것에 동의했다고 애비게일에게 말하면서, 애국적 개척자인 그는 또 이렇게 말했다. "당신도 망하고, 우리 자녀들도 망할 수 있소. 내가 이렇게

---

3 — Bennett, William J., *Our sacred honor: Words of advice from the Founders in stories, letters, poems, and speeches.* (New York, NY: Simon & Schuster, 1997). 윌리엄 J. 베넷, 우리의 소중한 것: 건국 선조들의 이야기, 편지, 시, 연설에 나타난 조언. 40.

당신에게 미리 주의를 주는 건, 닥칠 일에 대비해 마음을 다잡으라는 것이오."[4]

놀랍다!

그러나 애덤스는 하나님께 발견되었다! 자유를 사랑하기에, 하나님이 미국을 일으키고 계시다는 믿음이 있기에, 아무리 큰 값도 그에게는 아깝지 않았다. 애비게일은 그 말을 듣고 어떤 기분이었을까? 배신감? 두려움? 남편을 떠나겠다고 했을까? 그런 것과는 거리가 멀었다. 그녀도 하나님께 발견되었다. 애덤스에 따르면, 애비게일은 눈물을 터뜨리며 외쳤다. "나도 당신과 함께 모든 위험을 감수하겠어요. 당신이 망한다면, 나도 같이 망하겠어요."[5]

이 두 애국자가 숭고한 뜻에 대해 놀라운 열정을 가졌던 것을 보라!

이 희생적인 섬김의 동기와 태도를 오늘날 미국의 많은 정치 지도자들의 명성, 권력, 재정적 이득에 대한 이기적 정욕과 대조해보라. 그 차이는 막대하다. 표를 팔고, 납세자의 비용으로 휴가를 가고, 자가용 비행기를 몰고 다니는 등, 수도 워싱턴 D.C.가 부유하고 유명한 착취자들의 본거지가 되고 있다.

그로부터 몇 년 후, 독립선언문에 서명하고서 애덤스는 동료 서명자들과 함께 자유를 위해 치러야 할 잠재적 대가를 다시금 받아들였다. "이 선언을 지지하면서, 하나님의 섭리로 보호하심을 굳건히 의지하는 가운데, 우리는 서로를 위해 우리의 생명, 재산, 신성한 명예를 바치겠다고 상호 서약한다."[6]

애덤스가 나중에 애비게일에게 말했다. "이 선언을 지키고, 이 말을 지키기 위해 우리가 어떤 노고, 피, 재산을 대가로 치러야 할지 나는 잘 아오. 그러나 그 모든 어둠 속에서 나는 찬란한 빛과 영광을 보오. 나는 그 목적이 이 모든 수단들을 희생할 가치가 있음을 보오."[7]

---

4 — 같은 자료.
5 — 같은 자료.
6 — 같은 자료., 64.
7 — 같은 자료.

미국에 이런 개척자들이 다시 있을까?

만일 미국이 선한 옛 길로 돌아가는 길을 발견하려면, 차세대의 애국적이고 하나님을 경외하는 미국인들이 개척자의 옷을 입고 그것을 추구해야 할 것이다. 그 값이 얼마가 들든 말이다. 어떤 사람들은 내가 하나님에 대한 사랑과 조국에 대한 사랑을 결합한 것이 부적절하다고 비난할 것이다. 그러나 나에게는 하나님에 대한 사랑이야말로 미국의 회복에 대한 열정의 원동력이다.

애덤스나 다른 건국 시조들처럼, 나도 깨닫는다. 하나님이 인류 구속 계획의 일환으로 이 나라를 세우셨다. 미국은 우리 미국인들만을 위해 세워지지 않았다. 또한 분명히 육적이고, 쾌락주의적이고, 자아도취적인 "아메리칸 드림"을 즐기기 위해 세워진 것도 아니다. 그런데 미국의 열정은 그런 쪽으로 바뀌었다. 그러나 원래는 하나님의 위대한 꿈을 위해 하나님과 파트너가 되는 것이 우리의 특권이요 소명이었다. 그리고 그것을 위해서라면 아무리 큰 값을 치러도 아깝지 않다.

독립선언문 서명자들의 다수가 그 숭고한 뜻을 지키기 위해 결국 큰 값을 치렀다. 전쟁으로 여러 사람이 집, 재산, 자신이나 가족의 생명을 잃었다. 감옥에 갇힌 사람들도 있었다. 그 중 어떤 사람들은 손실을 극복하고 재기했지만 그렇지 못한 사람들도 있었다. 그들은 이타적 세상 변혁자였고, 우리의 자유를 위한 길을 놓기 위해 큰 값을 치른 사람들이었다. 우리는 그들을 기억하는 한편 그들의 삶을 본받음으로써 그들이 남긴 유산을 이어가야 한다.

소위 아메리칸 드림의 많은 부분이 죽어가고 있다. 그것은 미국에 대한 하나님의 꿈을 우리가 죽어가게 했기 때문이다. 그러나 나는 부활을 믿는다. 교회와 워싱턴 D.C. 정치권의 이기심을 끝내자. 하나님의 생명을 발견하기 위해 자신의 생명을 잃고자 하는 개척자들의 세대를 달라고 부르짖자. 우리가 십자가에 진 빚을 받아들이고, 선한 옛 길을 다시 발견하기 위해 필요한 값은 무엇이든 치르려 하는 성도들을 일으켜달라고 부르짖자.

우리가 그것을 발견하면, 길은 근원적 원점으로 돌

아갈 것이다. 그 시작은 바로 해변 위에 세워진 십자가와 그것을 둘러싼 지치고 배고픈 순례자들이 하나님의 영광과 기독교 신앙 확장에 이 나라를 바쳤던 그 역사적 현장이다.

제 6 장

용사

용사 :

전쟁을 하고 있거나 경험한 자, 용감한 군인이나 투사

독립전쟁이 시작되자 조지 워싱턴 장군이 그의 군대에게 지시했다. "앞으로 태어날 수백만 명의 운명이, 하나님 아래서 제군의 용기에 달려있다. 적은 잔인하고 집요해서 우리에게 남은 선택은 용감한 저항밖에 없다. 그렇지 않으면 가장 비참한 복종만 있을 뿐이다. 그러므로 우리는 이기든지 죽든지 둘 중의 하나를 하기로 결심해야 한다."[1] 용사의 정신은 반드시 필요하다.

이러한 용사의 마음은 기독교에도 필요하다. 하나님

의 나라는 역설, 어떻게 보면 모순이 가득한 것처럼 보인다. 이것이 그런 것 중 하나다. 우리는 다른 무엇보다 사랑을 가져야 하고(고후 13), 모든 사람과 화목하기를 추구해야(히 12:14) 하지만, 우리 성도들은 또한 싸우도록 부름 받았다(엡 6:12-20). 우리는 어둠의 세력, 거짓 이데올로기의 나라, 그리고 그 두 가지가 짜놓은 전략들과 싸워야 한다. 또한 "우리의 씨름은 혈과 육에 대한 것이 아니지만"(엡 6:12), 우리는 그리스도의 뜻에 대항하는 사람들을 영적 무기로 담대히 대적해야 한다. 테러와 그 외의 형태의 폭력이 우리의 자유와 우리가 사랑하는 사람들을 위협하는 곳에서 우리는 육체적으로도 싸우고자 해야 한다. 알고 보면, 정부와 종교계 내의 평화주의자보다 자유를 더 위협하는 세력은 없다. 따라서 변화의 매개자가 되는 데 필요한 네 번째 특질은 용사의 마음을 소유하는 것이다.

패튼 장군이 그의 군대에게 말했다. "그대는 용사의 영혼을 가져야 한다."[2] 워싱턴과 패튼 장군이 얼마나 강력하고도 절실히 필요한 도전을 주었는가! 많은 미국인들이 자연적으로나, 영적으로나 용사의 영혼을 상실한 것 같다. 안주하는 사람들은 누가 대신 싸워주기를 바란다. 반면에 개척자들은 필요할 때는 싸우고 전진한다. 그들은 사랑하는 것과 믿는 것을 위해 싸우고자 한다.

나는 최근에 워싱턴 D.C.에 있는 제2차 세계대전 기념관을 다시 방문했다. 나는 수많은 용사들의 희생에 대해 읽고 생각하면서 다시 한 번 감동을 받았다. 그들은 세계를 압제로부터 구하기 위해 모든 것을 바쳤다. 그러나 슬펐던 것은 전사자들에 대한 예의를 갖추기 위해 분수와 연못에 들어가 놀지 말라는 경고판을 몇몇 사람들이 무시했던 것이다. 많은 사람들에게는 이 성스러운 장소가 더운 날 시원하게 쉴 수 있는 장소에 불과했다. 우리는 깊이가 없고 감사할 줄 모르는 나라가 되었다. 냉담하고 감사할 줄 모르는 수백만의 미국인들을 위해 누군가가 고귀한 희생과 애국심의 선한

---

1 — Coffey, *Patriot Hearts*, 118.
2 — 같은 자료, 144.

옛 길을 찾아주어야 한다. 당신의 자유를 사기 위해 누군가 죽었다는 것을 결코 잊지 말라. 아이가 부모를 잃었고, 아내가 남편을 잃었고, 부모가 자녀를 잃었다.

구약의 용사들

하나님이 구약에서 용사의 마음이 무엇인지 그 예들을 우리에게 보여주셨다. 하나님의 뜻을 사람들에게 강요하라는 것이 아니라, 그 용사들의 내적 특성을 우리의 영적 전쟁에 적용하라는 것이다. 다윗이 그런 용사였다. 용감한 투사 다윗은 사자와 곰을 죽여 아버지의 양떼를 보호했고, 하나님의 대적이 이스라엘을 멸하려 할 때마다 기꺼이 나가 싸우고자 했다. 다윗은 용사의 마음이 얼마나 강했는지 골리앗을 향해 달려 나갔다!

그 다음에 다윗의 "용감한 사람"인 브나야가 있었다(대상 11:22-24 참조). 다윗처럼, 이 영웅적이고 용감한 용사도(내가 구약에서 좋아하는 인물) 사자를 죽였다. 그 사자가 어슬렁거리고 돌아다니며 이스라엘의 한 마을을 위협했던 것 같다. 그래서 마을 사람들이 구덩이를 파서 함정을 만들었고 미끼를 놓아 사자를 유인해 들어가게 했다. 자, 이제 어떻게 해야 하는가? 오늘날처럼 마취제도 없이, 사자를 어떻게 처리해야 했을까? 우리에 넣어 다른 곳에 풀어놓을까? 창이나 화살, 혹은 심지어 돌로 죽일까? 방법이야 여러 가지일 수 있겠지만 정작 가까이 가려 하는 사람이 아무도 없었다!

그러나 브나야는 달랐다!

어떤 이유에서인지 이 용사는 구덩이 위에서 사자를 죽이지 않았다. "다들 비켜!"라고 그가 외쳤다. 그리고 누가 말리기도 전에, 브나야는 구덩이로 펄쩍 뛰어들었다. "눈 올 때에"라고 성경이 덧붙인다. 그는 그렇게 사자를 죽였다.

그는 용사인가? 나는 그렇게 생각한다.

성경은 또한 브나야가 "행동에 능했고" "모압 아리엘의 아들 둘을 죽였다"(대상 11:22) 고 말한다. 그것이 왜 의미심장한가? 성경 각주를 보면, "아들 둘"이 "사자 같은 두 영웅들"로도 번역될 수 있다고 말한다. 브나야는 사자에 대해 뭔가 있었던 것 같다!

그 다음 절에서 말한다. "또 키가 큰 애굽 사람을 죽였는데 그 사람의 키가 다섯 규빗이요 그 손에 든 창이 베틀채 같으나 그가 막대기를 가지고 내려가서 그 애굽 사람의 손에서 창을 빼앗아 그 창으로 죽였더라."

그는 두 번이나 용맹을 발휘했다!

용사는 용사를 낳는다

브나야가 누구에게서 사자와 거인을 죽이는 특성을 물려받았다고 생각하는가? 그의 리더 다윗의 마음으로부터 영감을 받은 것이 분명하다. 다윗도 사자와 거인을 죽였다. 용사가 용사를 재생산한다. 하나님이 영적 다윗과 브나야의 세대를 일으켜주셔서 그들이 부르짖는 사자인 사탄에게 맞설 수 있기를 나는 기도한다 (벧전 5:8). 오늘날 사탄이 많은 사람들을 삼키고 있기 때문이다.

엘르아살은 다윗이 탄생시킨 또 다른 용사였다. "그

가 나가서 손이 피곤하여 그의 손이 칼에 붙기까지 블레셋 사람을 치니라 그 날에 여호와께서 크게 이기게 하셨으므로"(삼하 23:10). 얼마나 놀라운 불굴의 의지인가! 엘르아살은 나라를 지키기 위해 피곤해도 싸웠다. 손을 움직일 신체적 힘이 없어졌어도, 그는 마음으로 칼을 붙잡았다! 그래서 전쟁이 끝나고 난 후에 그의 전우들이 엘르아살의 손에서 칼을 떼어주어야 했다.

그 얼마나 놀라운 용사인가!

오늘날 우리는 용사들이 필요하다

이 용사 정신을 오늘날 우리 땅의 영적 거인들과 싸울 때 어떻게 적용할까? 물론 당연히 시작은 기도다. 이것은 영적 전투니까. 그러나 우리가 싸워야 할 방법이 더 있다. 항의 시위와 시민 불복종 운동, 비성경적 개념을 가진 공직자들에게 투표하지 않기, 의로운 목적을 위한 재정후원, 하나님의 통치를 대적하는 모든 것들에 대해 솔직하게 반대 발언 하기 등이다. 미국을 돌이키려면, 우리가 악과 압제에 끈질기게 저항해야 하고, 우리의 목소리를 내야 하고, 부흥이 우리 땅에 나타날 때까지 기도해야 한다. 미국에 정말 개혁이 일어나는 것을 볼 수 있을까? 가능하다. 만일 다윗, 브나야, 엘르아살 같은 마음을 가진 용사들이 일어나서 선한 옛 길을 찾고 그 길로 걷겠다고 결단한다면 말이다.

나는 최근에 제2차 세계대전 중에 베티오 해안 전투에서 싸웠던 미군 용사들의 이야기를 읽었다. 남태평양의 이 해안을 미국이 점령해야 했고, 희생이 큰 중에도 우리 군인들은 영웅적 면모를 보여주었다. 그의 저서 《미국을 찾아서 Looking for America》에서 심슨은 우리 군인들에 대해 이렇게 말했다. "전쟁 역사상 차가운 바다를 배수의 진으로 치고 그렇게 격렬하게 앞에서 쏟아지는 포화에 맞서라고 요구받은 군대는 없었다."[3]

일본군은 전략적 요충지인 그곳을 지키기 위해 최정예 일본군 6,500명을 뽑아서 배치하여 방어에 나섰다. 전투가 시작되자, 끔찍했다. 미군들은 일본군의 포격에 몸이 반 토막이 났다. 미국의 상륙용 주정 125척

중 75척이 파괴되었다. 해안이 핏빛으로 물들었다. 수백 구의 미군 전사자의 시체가 파도에 둥둥 떠 있었고, 또 수백 구는 모래사장에 널려있었다. 해군 전사자가 3,000명이 넘었지만, 미군은 계속 공격했다. 드디어 부두에 도착한 많은 군인들은 물에 잠긴 동료들의 시체를 밟고 지나가야만 했다! (여기까지 읽고서, 나는 잠시 책을 덮고서 마음을 진정해야 했다.)

둘째 날 끝에 그 해군 상륙부대의 지휘관, 슙 대령이 본부에 무전으로 이렇게 보고했다. "사상자 다수, 사망자 비율은 모른다. 그러나 전투 효율성에 있어서는 우리가 이기고 있다." 전투를 위해 큰 값을 치러야 했지만, 우리 해군이 해안을 점령했다.

그들은 용사들이었다!

자유를 위한 영웅들이었다!

---

3 — Simpson, *Looking for America*, 310.

진정한 용사들이여, 일어나라!

나는 하나님께 베티오 상륙 작전 타입의 영적 용사들을 미국에 일으켜 달라고 기도한다. 심령이 강건하여 사탄과 그 졸개들이 어떤 포격을 가하든 맞서고, 이 나라를 그리스도께로 돌이킬 사람들이 절실히 필요하다. 무엇보다도, 미국은 (다른 온 땅과 마찬가지로) 하나님께 속하니까 말이다(시 24:1 참조).

우리는 21세기의 존 웨슬리, 찰스 웨슬리로서 부흥의 불이 타오르는 사람들이 필요하고, 21세기의 조나단 에드워즈로서 성령의 강력한 기름 부음으로 설교하여 죄인들이 용서와 구원을 간구하며 부르짖게 할 사람이 필요하다. 우리는 찰스 피니와 같이 설교로 사람들을 각성시켜서 사람들이 제단으로 달려 나가 울며 통곡하게 할 사람이 있어야 하고, 피터 카트라이트처럼 광야의 길과 엄동설한 속으로 말을 타고 용감하게 달려 나가 복음을 전할 사람이 필요하다(그들을 순회 설교자라고 한다). 우리는 "기도의 사람 존 하이드", 리즈 하월즈, 제러마이아 램피어스처럼 기도를 통해 역사를 만들어가고 이 땅에 각성을 일으킬 사람들이 필요하다.

　세상을 변화시킨 이 사람들 중에 아마 당신이 잘 모르는 사람들이 있을 것이다. 당신은 그들이 누구인지 궁금할 것이다. 바로 그것이 우리의 문제다. 오늘날 미국의 영웅은 운동선수, 영화배우, 가수다. 그 중에서 많은 사람들이 좋은 사람이긴 하지만, 영웅일까? 나는 그렇게 생각하지 않는다. 그리고 우리는 종종 패배자들, 즉 간음자, 입이 더러운 자, 반역자, 무책임한 아버지, 거짓말하는 정치가, 위선적 설교자를 모방한다. 하나님이 우리에게 거룩하고 희생적인 용사들, 진리와 고귀함을 위해 싸울 사람들을 주시기 바란다. 하나님이 우리 땅에 개척자 정신을 다시 불러일으켜 주시고, 선한 옛 길을 되찾는 데 필요한 비전과 끈기를 가진 세대를 일으켜주시기를 바란다.

제 7 장

열정

극단(극도) : 1. 가능한 최고 수준이나 최고 정도의 강렬함
2. 양, 정도에 있어서 평균을 훨씬 상회함
3. 사물의 중간에서 가장 먼 부분
열정 : 어떤 일에 열렬한 애정을 가지고 열중하는 마음

하나님은 우리가 온 마음으로 전심을 다해 하는 것을 좋아하신다. 반면에 하나님은 산만하고 미지근한 마음을 몹시 싫어하신다.(계 3:15-16). 하나님은 우리의 심드렁한 상태를 용인하지 않으신다. 전능자께서는 열정 그 자체이시며, 그것을 받아들이는 자에게, 사람들에 대한 그의 열정적 사랑을 나누고자 하신다. 우리가 미국을 하나님께로 돌이키고자 한다면, 그런 영을 전수받는 것이 필수적이다. 우리는 극도로 열정적인 사람들이어야 한다.

나는 위의 두 단어의 정의를 그리스도의 대의에 적용하기를 좋아한다.

- "가능한 최고 수준의 강렬함." 바로 그것이 우리가 추구하는 대의를 이루는 데 필요하다.
- "평균을 훨씬 상회함." 그렇다. 현상유지를 바란다면 결코 미국은 변하지 않을 것이다. 미국의 자유주의자, 인본주의자, 적그리스도 세력이 우리 그리스도의 몸보다 그들의 명분에 대해 훨씬 더 열정적이어 왔다.
- "사물의 중간에서 가장 먼 부분." 나는 그것이 좋다! 거기야말로 내가 있고 싶은 곳이다. 어정쩡해서는 안 된다. 나는 온건주의자가 아니다. 나는 파격적이고 열정적인 개혁가다! 균형을 이루라고? 사양하겠다.
- "열렬한 애정." 맞다. 나를 온갖 말로 비난해도 좋지만, 열심이 부족하다는 말만큼은 듣고 싶지 않다.

나는 "강렬함"이라는 단어의 뜻을 사전에서 찾아보았다. 내가 추구하는 것이 올바른지 확인하고 싶었기 때문이다. 그것은 "어떤 특성을 높은 수준으로 가짐"이었다. 맞다. 나는 높은 수준의 열정을 갖기 원한다.

나는 열정 없는 기독교를 충분히 겪어보았다. 그리스도도 그것을 겪어보셨을 것이다. 물론 나의 열정과 헌신은 남들에게 기준으로 내세울 정도로 뜨겁지 않다. 다른 많은 신자들을 보면 그리스도와 그의 뜻에 대한 열정이 남다르다. 그래서 나도 이런 면에 더 노력하고 있으며, 나의 목표는 내가 극도의 열정으로 항상 불타오르는 것이다!

개척자들은 의를 추구한다

다윗은 내가 말하는 것과 같은 뜨거운 사랑을 하나님에 대해 가졌다. 골리앗이 여호와를 조롱하는 것을 듣고서, 그는 참지 못했다. "이 사람이 누구기에 살아 계신 하나님을 거짓 신들의 이름으로 저주하는가?"라고 다윗이 물었다. 그러고 나서 그는 의미심장한 질문을 던졌다. "어찌 이유, 뜻, 목적(cause)이 없겠는가?"(삼상 17:29). 이 수사적 질문을 통해 다윗이 선포했다. "이 문제는 이스라엘 나라보다 중대하다. 우리의 땅, 심지어 우리의 생명보다 더 중요하다. 하나님의 명예가 여기에 달려있다!" 아마도 그래서 다윗이 거의 3미터에 달하는 거인에게 달려갔던 것이리라. 죽을 수도 있지만, 하나님에 대한 다윗의 열정은 죽음에 대한 두려움보다 강했다.

오늘날의 영적 거인들, 하나님과 하나님의 목적을 대적하는 악한 세력에 맞서려고 달려 나갈 우리 시대의 다윗은 어디 있는가? 하나님의 뜻을 위해 목숨을 내려놓을 사람들은 어디 있는가? 나는 이러한 열정적인 용사들이 늘어나고 있다고 믿는다. 그들이 대다수는 아닐지라도, 충분히 있을 것이다. 하나님이 다윗에게 능력을 부으셨듯이, 그들에게 능력을 부으실 것이고, 그래서 그들이 이길 것이다.

여러 해 후, 다윗은 여전히 하나님에 대해 열정적이었다. 그래서 그는 하나님이 임재하시는 언약궤가 예루살렘으로 들어올 때, 왕복을 벗어던지고, 왕의 체면을 내려놓고 춤추며 하나님을 예배했다(삼하 6:16, 대상 15:29 참조). 나는 그것이 좋다! 그러나 그의 아내 미갈은 예배자가 아니었고, 하나님에 대한 열정도 없었다. 오히려 미갈은 다윗의 열정과 채신머리없음을 비웃었다. 아마도 그녀의 열정 수준이나 자기 체면을 우선시하는 태도는 대부분의 미국의 예배에 알맞을 것이다.

그런 미갈에게 다윗은 어떻게 반응했는가? "이건 아무것도 아니야. 나는 하나님 앞에서 춤추기 위해서라면 더 채신머리가 없어져도 괜찮아!" 다윗처럼, 나도 선한 옛 길을 찾기 위한 여정 중에, 하나님의 뜻을 위하여 나의 자존심마저 내려놓을 것이고, 열정 때문에 나의 체면은 안중에도 없을 것이다. 오직 중요한 것은 그리스도일 것이다.

그런데 미갈에 대한 하나님의 반응은 다윗보다 훨씬 더 강경했다. 미갈은 불임의 저주를 받았다. 그녀의 성향이 후대에 전달되는 것을 하나님이 원하지 않으셨던 것이다. 하나님은 우리가 열정적인 것을 좋아하시고, 냉담하고 무심한 것을 싫어하신다.

사랑의 포로

사도 바울도 극단적인 열정을 보여준 또 다른 개척자였다. 바울은 "하나님의 사랑이 우리를 지배한다"고 그리스도의 대의에 대한 헌신을 설명했다(고후 5:14). "지배하다"(헬라어 수네코)는 "포로가 되어 갇히다"를 의미한다. 하나님의 사랑이 바울을 사로잡아서 거기서 벗어날 수 없는 지경에까지 이르렀다. 그는 사랑에 매여 굶주림, 목마름, 수많은 구타, 투옥 등등을 겪으면서도, 사람들을 선한 옛 길로 이끌기 위해 흔들리지 않았다. 위로받아야겠다는 욕구가 바울을 지배한 것이 아니라, 오직 그리스도의 뜻에 대한 열정이 바울을 지배했다.

미국의 건국 시조들은 극단적 열정을 가졌고, 자유라는 대의를 위해 죽고자 했다. "나에게 자유가 아니면 죽음을 달라"는 단지 그럴싸한 구호가 아니었다. 패트릭 헨리가 이 유명한 말을 했을 때 "나는 이 뜻을 위해 죽고자 합니다"라고 분명하게 말한 것이었다. 그의 연설문 전체를 인터넷에서 찾아보라. 하나님과 조국에 대한 그의 흔들림 없는 열정을 볼 것이다.

죽음까지 불사하는 열정으로!

존 애덤스를 이미 언급했지만, 여기서 또 말하고자 한다. 자유를 위한 열정적 개척자, 토머스 제퍼슨은 애덤스를 "독립의 거인"이라고 표현했다. 두 사람의 관점이 모든 면에 똑같지는 않았지만, 둘은 조국에 대한 열정으로 다른 차이점들을 내려놓으며 죽을 때까지 절친이었고, 놀랍게도 같은 날 죽었다!

애덤스와 제퍼슨이 미국 독립 50주년인 1826년 7월 4일에 죽었다는 것을 대부분의 사람들은 잘 모른다. 마치 두 사람이 그 기념비적 날까지 살고자 했던 것 같아서 놀랍기 그지없다. 이 거룩한 "실험"(그 당시 많은 사람들은 미국을 그렇게 보았다)의 성공을 보고자 하는 열정이 그들을 그 기념비적 날에 이를 때까지 살아있게 했다. 애덤스는 독립기념일 행사에 참석하기에는 너무 쇠약했다. 그는 창가에 앉혀달라고 해서 바깥의 흥겨운 분위기를 지켜보다가 의식을 잃었고 그날 밤에 죽었다. 애덤스가 인생을 마치고 천국에 가기 전에 한 마지막 두 마디 말은 "독립이여, 영원하라"[1]였다.

그는 살아서도 열정적이었고, 죽을 때도 열정적이었다.

애덤스와 우리 건국 선조들은 하나님을 경외하는 개척자, 애국자들로서 불굴의 정신과 마음으로 역사상 최고의 제국인 대영제국에 맞섰다. 다윗처럼 그들도 심오한 질문을 했다. "이 어찌 추구해야 할 숭고한 뜻이 아니겠는가?" 그리고 그들은 거기에 응답하여 삶을 바쳤다.

그것이 오늘 우리가 해야 할 질문이다. 미국에 대한 그리스도의 뜻을 위해 우리가 살고, 죽을 가치가 있을까? 지금 미국에서는 불경건한 교육자, 정치가, 판사들 때문에 수백만의 젊은이들이 하나님을 알 기회를 잃었다. 그 젊은이들을 위해서 기도와 열정을 바칠 가치가 있지 않겠는가? 그들이 얼마나 더 많이 갱단, 학교에서 일어나는 총기난사, 자살, 마약, 음주운전으로 죽어야 미국 교회가 일어나서 "이제 그만"이라고 외칠 용기와

---

1 — Adams, John. July 4, 1826. 존 애덤스

열정을 갖겠는가?

얼마나 더 많은 아기들이 어머니의 태에서 살인을 당해야 하는가? 얼마나 더 많은 어린이들이 아버지 없는 가정에서 자라야 하는가? 언제 우리는 "이제 그만"이라고 할 텐가?

미국은 실로 선한 옛 길을 잃었다. 하나님께서는 새 세대의 열정적인 개척자들을 부르시며 일어나서 담대하게 선포하라고 하신다. "우리가 길을 찾을 거야. 지옥의 세력아, 높은 물아, 덮쳐라. 박해나 조롱이나 손실이나 다 오너라. 그래도 우리는 미국에 대한 하나님의 계획과 목적으로 돌아가는 길을 찾고 말거야."

열정에 대한 호소

"누가 나서겠는가?"라는 제목의 메시지에서 구세군의 창설자, 윌리엄 부스가 하나님 없는 자들의 절박한 곤경에 대해 그가 받은 환상을 나누었다. 또한 그는 그 환상 속에서 많은 그리스도인들이 불신자에 대해 완전히 무관심한 것도 보았다. 그의 도전과 열정적인 호소는 이렇게 끝난다.

당신이 해야 한다! 당신은 주춤거릴 수 없다. 당신은 너무나 오랫동안 기독교를 누리기만 해왔다. 당신은 쾌적한 기분, 쾌적한 노래, 쾌적한 집회, 쾌적한 관점만을 즐겨왔다. 거기서 인간의 행복을 누리고, 손뼉 치며 찬양을 하고, 땅에 임한 하늘을 누렸다.

그러나 이제는 하나님께 아뢰라. 이제 그 모든 것에 등 돌리고, 죽어가는 사람들 속에서 무슨 값이라도 지불하며 남은 날들을 보내겠노라고 아뢰라. 당신은 그것을 해야만 한다. 이제 당신의 생각 속에 빛이 비치었고, 그 부르심이 당신의 귀에 울리고 있고, 당신을 부르는 하나님의 손을 보고 있으니, 그 외에 다른 길은 없다. 죽어가는 무리 속으로 들어가는 것이 당신의 임무다. 이제부터 당신의 행복은 그들의 불행을 나누는 것에 있고, 당신의 편안함은 그들의 고통을 나누는 데 있고, 당신의 면류관은 그들이 십자가를 지게 돕는 데 있고, 당신의 천국은 지옥으로 들어가서 그들을 구해내는 데 있다.
이제 당신은 어떻게 하겠는가?²

부스의 제자들이 군대라고 불린 것도 당연하다! 그가 한 질문은 오늘날 우리에게도 매우 적절하다. 당신은 무엇을 하려는가? 우리의 역사가 앞으로 어떻게 기록될까? 우리가 열정적이었다고 할까, 아니면 무심했다고 할까? 우리가 애정을 쏟았다고 할까, 아니면 심드렁했다고 할까?

열정을 선택하라!

영화 〈브레이브 하트〉에서 위대한 용사, 윌리엄 월리스가 고문을 당하다가 죽는다. 그러나 만일 잉글랜드의 압제로부터 해방과 자유에 대한 추구를 포기한다면, 자비를 베풀어주겠다고 그들이 제안한다. 그러나 월리스의 대답은 개척자의 마음 깊은 곳에서 터져 나오는 함성, "자유!!!"였다.

죽음 앞에서도 굴하지 않는 그의 열정과 헌신이 한 나라를 감동시켰다. 그래서 마침내 스코틀랜드는 싸워서 자유를 쟁취하게 되었다.

딱히 윌리스와 같은 방식으로 죽고 싶은 건 아니지만, 나도 그런 메시지로 나의 삶을 끝내고 싶다. 윌리스처럼, 내 입이 무덤 속에서 잠잠할 때도, 나의 함성만은 여전히 들렸으면 좋겠다. 나의 이름이 회자될 때, 사람들의 마음에도 행동하려는 열정이 불붙었으면 좋겠다.

당신도 그렇기를 원하는가?

---

2 — Booth, William. "Who Cares?". 윌리엄 부스 "누가 나서겠는가?"

제 8 장

대의

대의 :
어떤 원칙, 목표, 운동으로서, 사람이 거기에 깊이 헌신하여,
그것을 방어하거나 변호하려고 하는 것.

영화 〈패트리어트〉에서, 벤자민 마틴을 친척여성이 위로하려고, 그가 영국에 대항하지 않기로 결정한 것을 두둔해준다. "당신은 부끄러워할 아무것도 하지 않았어요."

그러자 마틴이 정곡을 꿰뚫는 말을 한다. "아무것도 하지 않았다는 것, 그것이 부끄러워할만한 것이오."

하나님은 마틴의 한탄이 우리 세대 미국인들의 비극

이 되기를 바라지 않으신다. 역사가 우리에 대해 그렇게 기록하지 않기를 나는 기도한다! 우리도 마틴처럼 마침내 하나님의 숭고한 뜻을 위해 깨어나 싸우기를 바란다. 미국의 변화에 필요한 마지막 여섯 번째 특성은 나 자신을 초월하는 더 큰 뜻을 위해 싸우고자 하는 마음이다.

만일 당신의 욕망과 편리함이 그리스도의 뜻보다 더 중요하다면, 당신은 미국의 변화에 필요한 혁명가가 되지 못할 것이다. 그렇다면 정착촌에 머물러라. 안전한 마을에서 즐겨라. 길들여지고 급진적이지 않은 형태의 기독교로 살기로 결정한 교회를 찾아서, 일주일에 한 번, 한두 시간 그들과 함께하면서, 그 모든 안주자들이 행복을 누리고 돌봄을 받기만 하는 것에 동참하라. 그러나 만일 당신이 심드렁한 기독교의 수동성, 의식, 일상, 프로그램, 성인용 유치원에 지쳤다면, 이 현대식 기독교를 떠나 선한 옛 길을 추구하는, 점점 더 늘어나는 사람들의 무리를 따르라. 예수님이 찾으시는 사람은 차이를 만드는 사람이며, 대결을 기피하는 자나 편안함만을 추구하는 자가 아니다.

공동 목표

모세가 이스라엘을 애굽 노예생활에서 탈출시켰을 때, 세 지파는 다른 아홉 지파보다 땅을 먼저 받았다. 그들이 선택한 지역은 그들의 가축에 적합했고, 가나안 변두리에 있어서, 먼저 정복되어 분배될 수 있었다. 그러나 모세는 세 지파에게 한 가지 조건을 내걸었다. 나머지 지파들이 전쟁을 시작하기까지 얼마나 오래 걸리든지(결국 그것은 몇 년이 걸렸다), 그동안 세 지파의 남자들은 가족, 집, 가축을 놔두고 가서 다른 지파들을 위해 싸워야 했다. 여호수아는 그들이 그것을 약속하게 했다.

이스라엘이 열두 지파로 나눠지고, 많은 도시들과 집들이 있었지만, 하나님께서 그런 원칙들을 주셔서 독립적인 사고방식이 틈타지 않게 하셨다. 모든 이스라엘 백성은 매년 여러 번의 나라의 절기를 준수해야 했고, 전쟁이 일어나면 모두 자기 영토를 떠나 서로를 위해 싸워야 했다. 하나님은 이스라엘 나라 전체가 그것을 기억하기를 바라셨다. 그러나 그들은 공산주의가 아니었다. 다만 그들은 공동체를 이해하고 소중히 여

겼던 것이다. 물론 개인이나 개별 지파로 잘사는 것은 좋지만, 그렇다고 해서 서로 배타적이어선 안 된다. 우리 자신을 초월하는 더 큰 숭고한 뜻이 항상 있기 때문이다.

미국도 그렇게 형성되었다. 역경 속에서 근면, 성실, 자급자족이 요구되기도 했으나, 또한 미국은 연합 위에 세워졌다. 독립선언문에 서명하며 벤저민 프랭클린이 말했다. "우리는 정말로 모두 함께 뭉쳐야 한다. 그렇지 않으면 필시 우리 모두는 각자 교수대에 매달릴 것이다."[1] 이러한 정신, 즉 함께 싸우고, 필요하다면 서로를 위해 죽으려는 자세가 미국의 건국정신 안에 있었다. 그것은 개척정신의 핵심이다.

나중에 이스라엘 왕이 된 다윗이 골리앗 앞에 섰을 때 그런 희생적인 태도로 말했다. 다윗이 골리앗과 싸우겠다고 하자 형들이 조롱했다. 그것을 듣고 나서, 다

---

1 — Franklin, Benjamin. In the Continental Congress at the signing the Declaration of Independence, 1776. 벤저민 프랭클린. 대륙 의회가 독립선언문에 서명할 때.

윗은 중요한 질문을 했다. "내가 이렇게 하는 데 숭고한 목적이 없겠는가?"(삼상 17:29). 그의 말에 명백히 드러나는 것은, 그러다 죽을 수도 있지만, 목숨보다 중요한 것이 여기에 달려있다는 것이다. 즉 하나님의 명성과 나라의 보존이 거기 달려있었다.

그런 역사가 없겠는가?

다윗의 질문이 통렬했지만, 더 면밀히 분석해보면, 다른 함축의미도 있다. "뜻, 목적"으로 번역된 단어(히브리어 다바르)는 "역사"라는 의미도 있다. 다윗은 "그런 역사가 없겠는가?"라고 물어본 것일 수도 있다. 그것은 기념할만한 과거의 역사나 장차 미래에 기록될 역사일 수 있다.

"아브라함을 통한 우리의 과거 역사가 있지 않은가?" 다윗이 이렇게 질문한 것일 수 있다. "모세와 우리의 선조들이 애굽에서 해방될 때 경험한 기적을 생각해보았는가? 이 거인에 맞서기에 충분한 용기를 주는 사건들이 우리의 역사 속에 이미 있지 않았는가?

그리고 나 다윗 또한 그럴만한 개인적 역사가 있었어. 나는 아버지의 양을 지키면서 사자와 곰을 죽였어. 나에게 힘을 주셔서 승리하게 하신 하나님이 또 나에게 힘을 주셔서 이 거인을 무찌르게 하실 거야."

또 다윗이 미래의 역사를 말한 것일 수도 있다. "역사가 기록되지 않겠어? 이 거인에 대해 우리가 어떻게 반응했는지 역사가 뭐라고 기록할까? 우리가 용감히 싸워서 하나님의 명예를 드높였다고 할까? 우리가 아내와 자녀를 지키려고 필요하다면 죽음도 불사했다고 할까? 다른 사람은 몰라도 나만은 이 거인에게 비굴해지는 수치를 당하느니 명예롭게 죽겠어."

이 시나리오와 오늘날의 미국 사이에는 놀라운 유사성이 존재한다. 미국이 기독교 국가로서 존속되는 것이 위기에 내몰렸다. 미국에 대한 하나님의 목적은 온 땅에 대한 하나님의 목적과 불가분의 관계로 연결되어 있는데, 그것이 우리의 결정 여하에 따라 위태로운 상황이다. 악한 제도, 정당들, 거짓 종교들, 불경건한 리더들이 하나님, 하나님의 길, 하나님의 말씀을 오래전 골리앗이 그랬던 것처럼 비웃는다. 오늘의 역사 교과서가 우리의 응답을 기다리고 있다. 우리의 자녀들과 손자손녀들이 무엇을 읽게 될까? 아직 최종판결까지는 아니지만, 최종 공방이 이뤄지고 있다.

약속이 없겠는가?

다바르는 "뜻" "역사"라는 의미 외에도 "약속"으로도 번역될 수 있다. "약속이 없겠는가?" 하나님이 과거에 이스라엘에게 하신 약속을 생각해보라고 다윗이 형들에게 도전한 것일 수 있다. "우리 선조들에게 하신 약속은 어떤가? 신명기 28장을 읽어보지 않았는가? 우리의 적을 우리 앞에서 무찌르겠다고 하지 않으셨는가? 그들이 한 길로 왔다가 혼비백산해서 사방으로 흩어져 도망갈 것이라고 하지 않으셨는가(1-7절)? 우리가 붙잡을 수 있는 약속이 있지 않은가?"

오늘날 우리도 우리의 골리앗에 직면하여 하나님의 약속을 붙들고, 하나님이 약속을 지켜주실 것을 믿어야 한다. 하나님을 자기 하나님으로 삼는 나라들은 여전히 축복을 받는다(시 33:12). 역대하 7장 14절을 지키면, 하나님이 여전히 용서하시고 땅을 치유하신다. "내 이름으로 일컫는 내 백성이 그들의 악한 길에서 떠나 스스로 낮추고 기도하여 내 얼굴을 찾으면 내가 하늘에서 듣고 그들의 죄를 사하고 그들의 땅을 고칠지라." 우리가 거인들에 대항할 때 이러한 약속들 위에 서야 한다.

전략이 있지 아니한가?

그리고 마지막으로 다바르는 "말"도 의미한다. "여호와의 말"이라는 구절에 사용되는 것처럼 말이다. 그것을 여기서 전략적 개념으로 해석할 수 있지 않을까? 다윗이 이렇게 말한 것일 수 있다. "이 악한 거인을 어떻게 다루어야 하는지 아무도 하나님으로부터 말씀이나 전략을 듣지 못했단 말인가?" 다윗 자신은 그것을 느꼈던 것이 분명하다. 그 전략에는 물맷돌 다섯 개가 포함

되어 있었다. 게다가 정말로 필요했던 것은 그 중의 오직 하나였다.

오늘날 미국의 국가적 해방과 치유를 위해 우리가 하나님으로부터 듣고 실행해야 할 전략들이 있다. 하나님은 대적을 어떻게 다루실 것인지 반드시 계획을 갖고 계신다. 그러나 숭고한 뜻을 위해 모든 위험 부담을 감수하고자 하는 개척자들에게만 그 전략을 주신다. 안주하던 자리를 떠나서 선한 옛 길을 찾으려 하는 자들에게 말이다.

당신도 그런 사람인가?

우리는 개척자들이다

멜 깁슨의 영화, 〈브레이브 하트〉는 스코틀랜드의 역사를 묘사한다. (내가 이 영화를 좋아한다는 것을 이제 알 수 있을 것이다.) 윌리엄 월리스는 스코틀랜드의 리더들을 규합해 자유라는 대의를 위해 싸우고자 절박하게 애썼다. 중요한 한 장면에서 에드워드 1세(일명 롱생크)가 스코틀랜드 리더들을 어떻게 통제하고 길들일지 말한다. "스코틀랜드의 관건은 귀족들이야. 그들에게 요크셔의 땅과 작위를 내줘. 그래서 그들이 욕심이 나서 우리에게 맞서지 못하게 만들어버려."

앗, 찔린다!

때로 할리우드 영화가 자기도 모르는 새에 예언을 한다. 슬프게도, 그것은 오늘날 미국의 정곡을 찌르는 진실이기도 하다. "그들을 게으르고 수동적으로 만들고 안일함과 편리함에 빠지게 해. 그들의 자유를 빼앗는 대신에, 재미와 부를 주겠다고 약속해!"

그런 것은 이제 끝나야 한다!

대의에 목숨을 거는 개척자 세대가 일어나 "우리는 싸울 것이다!"라고 선포해야 한다. 우리도 월리스처럼 결단해야 한다. "그들이 우리의 목숨을 빼앗을지라도, 우리의 자유는 결코 빼앗지 못할 것이다!" 하나님이 용사의 세대를 찾으신다. 그들은 하나님이 주신 과거의 역사에 든든히 닻을 내리고, 하나님의 영원한 약속 위에 서며, 하나님이 주신 임무를 성취한다. 우리는 미국의 영혼을 두고 벌이는 전쟁에서 이길 수 있다. 우리는 오늘날의 거인들을 물리칠 수 있다. 우리는 선한 옛 길을 찾아 "하나님 아래 있는 나라"라는 뿌리로 돌아갈 수 있다.

개척자여, 당신의 목소리를 찾아라. 그리스도가 당신을 발견하셔서, 그의 개척자의 영으로 당신을 충만히 채우시고, 그의 개척자의 노래를 당신에게 부르시게 하라. 그러고 나서 그 후에 그가 당신의 삶을 끝내시면, 그 다음에는 "당신이 한 것을 후대가 더 크게, 더 잘, 더 빠르게 할 것이다."

자, 가서 그 길을 찾자!

돌이키면 살리라

발행일 2017년 6월 12일 1판 1쇄

지은이   더치 쉬츠
옮긴이   김주성
펴낸이   김혜자

다윗의장막
서울시 강남구 역삼로 98길 28
전화 02-3452-0442   팩스 02-6910-0432
www.ydfc.com
www.tofdavid.com

ISBN 978-89-92358-99-6 (03230)

잘못된 책은 바꿔 드립니다.

다윗의장막 미디어는 영적 부흥과 영혼의 추수를 위해 도서, 음반, 음원, 영상물의 매체를 통해 하나님 나라가 가정, 사업, 정부, 교육, 미디어, 예술, 교회로 확장되는 비전으로 나아가고 있습니다.